公路工程检验检测机构程序化管理

倪铭辰　关高朋　张应涛　主　编
李天玉　吴　雪　亢　钰　副主编

中国建材工业出版社

图书在版编目（CIP）数据

公路工程检验检测机构程序化管理/倪铭辰，关高朋，张应涛主编. --北京：中国建材工业出版社，2023.9

ISBN 978-7-5160-3774-4

Ⅰ.①公… Ⅱ.①倪… ②关… ③张… Ⅲ.①道路工程—工程质量—质量检验机构—管理 Ⅳ.①U415.12

中国国家版本馆CIP数据核字（2023）第130016号

公路工程检验检测机构程序化管理
GONGLU GONGCHENG JIANYAN JIANCE JIGOU CHENGXUHUA GUANLI
倪铭辰　关高朋　张应涛　主　编
李天玉　吴　雪　亢　钰　副主编

出版发行：中国建材工业出版社
地　　址：北京市海淀区三里河路11号
邮　　编：100831
经　　销：全国各地新华书店
印　　刷：北京印刷集团有限责任公司
开　　本：787mm×1092mm　1/16
印　　张：18.25
字　　数：430千字
版　　次：2023年9月第1版
印　　次：2023年9月第1次
定　　价：88.00元

本社网址：www.jccbs.com，微信公众号：zgjcgycbs
请选用正版图书，采购、销售盗版图书属违法行为
版权专有，盗版必究。本社法律顾问：北京天驰君泰律师事务所，张杰律师
举报信箱：zhangjie@tiantailaw.com　举报电话：(010)57811389
本书如有印装质量问题，由我社市场营销部负责调换，联系电话：(010)57811387

编委会

主　编：倪铭辰　关高朋　张应涛

副主编：李天玉　吴　雪　亢　钰

编　委：聂作越　张　磊　汪巧娟　赵　勇　葛彦红
　　　　张婧祎　关　昊

前　言

　　检验检测机构是通过各类技术审查、论证、评估、评价、检验、检测、鉴证、鉴定、证明、咨询、试验等活动，向社会出具公证数据的社会中介机构，承担着政府与市场、企业之间联系纽带的职能，对转变政府职能、完善市场机制、优化资源配置等起着重要作用。随着社会的进步和我国社会经济的发展，社会各界对产品质量的要求越来越高，检验检测装备越来越先进且高效，管理制度和操作规程也越来越完善，但是在某些检测机构以及检测工作的某些方面，仍然存在一些问题，如无证检测，不按规程操作，提供不实数据，出具虚假报告等。这些管理方面的漏洞可能引起产品质量安全恐慌，导致建筑工程质量隐患，危及人民的生命财产安全。因此，检验检测对确保产品质量、维护消费者利益、促进产业发展具有重要的意义，精确化、标准化的检验检测数据是产品质量的重要保障。

　　当前许多国家对检验检测机构的认可工作十分重视，只有通过了实验室认可的机构才能承接各领域的产品检验检测任务。为了确保检验检测数据来源的真实性、可靠性和精准性，必须根据实验室认可的标准对检验检测机构进行标准化的规范管理，从而提高其检测的水平和质量。在公路工程领域中，检验检测机构在按有关法规要求取得资质等级证书后，通常作为第三方检测机构对社会做出公正性检验，也可在资质范围内按照合同约定，作为母体试验检测机构授权设立工地实验室，为工程建设过程中控制质量承担公路工程工地现场的试验检测工作。检验检测机构的标准化工作是控制工程质量的关键所在，更是一项复杂的管理体系。

　　一个通过资质认定的检验检测机构需要建立近三十个程序，包含人员管理、设施和环境条件控制、设备管理、设备量值溯源、文件管理、内部审核管理、样品管理等方面，这些程序实际上就是检验检测机构的管理要素，缺一不可，形成检验检测机构管理体系。检验检测机构的管理要素是整个管理体系的基石，管理体系要发挥最大效能，就要发挥每个要素的作用，让员工充分重视管理体系，自觉维护并保障管理体系的有效运转。借助标准化的管理，使检验检测机构将各环节的工作紧密相扣，结合检验人员、技术等要素，对检验检测的全过程做到动态、全面的控制，使检测各项工作更加规范化和程序化；加强对检验工作的检查以及结果的审核，检验检测人员能从检测过程中认识到自身的不足，并加以完善，提升整个检验检测团队的能力，使机构在人员素质、业务专业水平以及管理水平上获得提升。因此，本书将以公路工程检验检测机构如何进行标准化管理为重点，对标准化管理的目的及主要内容进行阐述，希望可以为国内公路工程检验检测机构的管理工作提供一些新思路。

本书具体编写分工如下：倪铭辰编写了第二部分中的"程序文件的管理"至"检测设备和设施管理程序"；关高朋编写了第一部分中"评审要求"中的"11 服务客户"至"35 特殊要求"；张应涛编写了第一部分中的"术语和定义""质量方针与质量目标""手册的管理"，以及"评审要求"中的"1 组织基本要求"至"10 服务和供应品采购"；李天玉编写了第二部分中的"期间核查程序"至"标准物质控制管理程序"；吴雪编写了第二部分中的"记录管理控制程序"至"管理评审控制程序"；亢钰编写了第二部分中的"质量目标考核程序"至"文件管理控制程序"；聂作越编写了第二部分中的"客户要求、标书和合同评审控制程序"至"服务客户程序"；张磊编写了第二部分中的"处理投诉的程序"至"预防措施程序"；汪巧娟编写了第二部分中的"方法的选择和确认控制程序"至"测量不确定度评定控制程序"；赵勇编写了第二部分中的"数据保护控制程序"至"比对、能力验证控制程序"；葛彦红编写了第二部分中的"检测工作程序"至"技术规范、标准资料管理程序"；张婧祎编写了第二部分中的"结果报告管理程序"和"检测质量事故处理程序"；关昊编写了第二部分中的"风险评估和控制程序"至"允许方法偏离控制程序"。

编　者
2023 年 8 月

目 录

第一部分　质量手册 ………………………………………………………… 1
　　术语和定义 …………………………………………………………………… 1
　　质量方针与质量目标 ………………………………………………………… 1
　　手册的管理 …………………………………………………………………… 2
　　评审要求 ……………………………………………………………………… 4

第二部分　程序文件 ………………………………………………………… 39
　　程序文件的管理 ……………………………………………………………… 39
　　人员管理程序 ………………………………………………………………… 40
　　人员培训管理程序 …………………………………………………………… 55
　　质量监督与监控程序 ………………………………………………………… 65
　　场所设施及环境监控程序 …………………………………………………… 71
　　安全作业程序 ………………………………………………………………… 74
　　环境保护程序 ………………………………………………………………… 79
　　内务管理程序 ………………………………………………………………… 83
　　检测设备和设施管理程序 …………………………………………………… 86
　　期间核查控制程序 …………………………………………………………… 103
　　量值溯源控制程序 …………………………………………………………… 109
　　标准物质控制管理程序 ……………………………………………………… 117
　　质量目标考核程序 …………………………………………………………… 126
　　维护公正和诚信控制管理程序 ……………………………………………… 128
　　保护客户机密信息和所有权程序 …………………………………………… 130
　　文件管理控制程序 …………………………………………………………… 133
　　客户要求、标书和合同评审控制程序 ……………………………………… 145
　　检验检测分包程序 …………………………………………………………… 153
　　服务和供应品控制程序 ……………………………………………………… 158
　　服务客户程序 ………………………………………………………………… 164
　　处理投诉的程序 ……………………………………………………………… 167
　　不符合检测工作的处理控制程序 …………………………………………… 172
　　纠正措施控制程序 …………………………………………………………… 176
　　持续改进控制程序 …………………………………………………………… 178
　　预防措施程序 ………………………………………………………………… 179

记录管理控制程序 …… 182
内部审核控制程序 …… 188
管理评审控制程序 …… 200
方法的选择和确认控制程序 …… 209
开发特定的检验检测方法管理程序 …… 216
测量不确定度评定控制程序 …… 222
数据保护控制程序 …… 225
开展新检测项目管理程序 …… 230
质量控制程序 …… 235
比对、能力验证控制程序 …… 240
检测工作程序 …… 246
现场检测的管理程序 …… 249
样品管理程序 …… 252
抽样控制程序 …… 257
技术规范、标准资料管理程序 …… 260
结果报告管理程序 …… 264
检测质量事故处理程序 …… 269
风险评估和控制程序 …… 273
档案管理程序 …… 275
允许方法偏离控制程序 …… 278

参考文献 …… 281

第一部分 质量手册

术语和定义

1 范围

质量手册是检测机构质量管理体系的纲领性文件,适用范围为检测机构试验检测项目的质量管理、质量控制活动的全过程。质量手册可作为检测机构内部质量审核的依据。

2 引用文件和标准

2.1 《检测和校准实验室能力认可准则》(NAS-CL01,ISO/IEC 17025:2017)
2.2 《质量管理体系 要求》(GB/T 19001—2016,ISO 9001:2015)
2.3 《公路水运工程试验检测等级管理要求》(JT/T 1181—2018)
2.4 《检验检测机构资质认定能力评价 检验检测机构通用要求》(RB/T 214—2017)
2.5 有关各项计量检测的有效法规、标准等

质量方针与质量目标

1 质量方针

科学、公正、诚信、高效。

2 质量目标

2.1 检测结果准确率**%。
2.2 检测结果及时率**%。
2.3 客户满意率**%。
2.4 检测事故差错率**%。

3 质量承诺

3.1 检测工作严格依据现行有效的国家标准,特殊情况可由客户提供检测要求。
3.2 用于检测的全部计量检测仪器设备均按要求周期检校合格并能溯源到国家基准。
3.3 检测人员均持有效检测员证上岗。

3.4 对检测过程中影响检测质量的各种因素，均制定切实可行的控制办法，以确保检测工作的质量。

3.5 保护客户机密，及时妥善处理客户对检测结果的异议。

3.6 对检测人员出具的检测数据、检测质量，作为一项重要考核指标。弄虚作假、弄错数据，给客户造成经济损失的，视情节轻重，给予相应处分，严重者解除劳动合同。

手册的管理

1 编制目的

1.1 为管理体系的有效运行提供依据。

1.2 向客户做出质量承诺。

1.3 为管理体系内部审核和管理评审及实验室资质认定（计量认证）提供依据。

2 编制依据

编制依据为《检验检测机构资质认定评审准则》。

3 适用范围

适用于检测机构开展的建筑工程、水利、路桥及其所用原材料、构件、产品的质量和性能的试验、检测工作，与该项工作有关的所有人员必须严格遵照执行。

4 术语和缩写语

4.1 《检验检测机构资质认定评审准则》可简称为《评审准则》。

4.2 建筑工程、水利水电、公路路桥及其所用原材料、构件、产品的质量和性能的试验、检测工作以下称"检测"。

5 文件构架

5.1 质量手册对管理体系要素的描述，依据《检验检测机构资质认定评审准则》对各要素的要求对应分章节编写。

5.2 质量手册与程序性文件分开成册，在手册后应附有程序文件清单和相关文件。

6 质量手册的编制与发布

6.1 质量手册由最高管理者授权质量负责人主持编制，综合办公室负责人组织编写，各部门负责人会审定稿，最高管理者批准发布实施。

6.2 质量手册分"受控"和"非受控"两种版本。

6.3 受控文本有统一编号，并在封面上注明受控标志，由综合办公室负责人统一发放。

6.4 手册的非受控文本没有编号，但需在封面上注明非受控标志。

6.5 当上级领导或有关单位要求提供质量手册时，由最高管理者批准后提供非受控版本。

7 质量手册的修订与再版

7.1 当出现下列情况之一时，可对质量手册进行修改：
7.1.1 国家颁布新的质量政策和法规；
7.1.2 机构调整质量方针、目标或质量体系在运行过程中存在重大问题。
7.2 如修订内容超过三分之一或有重大变动，应进行改版。
7.3 质量手册修订、再版应由质量负责人提出申请并报最高管理者批准。

8 质量手册的宣贯与实施

8.1 质量手册是检测机构检测工作质量管理的指导性文件，是开展检测工作的规范，全体职工应认真学习和熟悉手册的要求和规定。
8.2 质量负责人组织制定每年的质量手册宣贯计划，综合办公室负责人按计划组织宣贯。
8.3 对新调入机构的职工进行上岗培训时应安排学习质量手册。

9 质量手册的日常管理

9.1 质量手册的管理包括对质量手册及其他管理体系文件的编号、印制、分发、更改、保管与归档、版本确认、回收、保密等工作。
9.2 质量手册要登记编号，持有者要签名领取，综合办公室下发修订页或再版时，应将旧版收回。综合办公室可保存失效手册作为存档资料，但需在失效版本上加盖"作废"章。
9.3 各部门必须指定专人妥善保管手册，不得丢失、外借或复制。持有人调离机构必须交回手册方可办理调离手续。
9.4 对质量手册的内容有异议或修改建议时，应向质量负责人反映，个人不得随意修改。

10 质量手册执行情况检查

10.1 质量手册执行情况的检查，由质量负责人领导，综合办公室负责人需每年组织一次对各部门质量手册执行情况的全面检查。
10.2 各部门不定期地检查本部门对质量手册的执行情况。
10.3 每次检查均应做好记录，各部门自查结果应每年汇总一次报综合办公室，检查结果应写成书面材料报质量负责人，并全范围通报。
10.4 检查中发现的一般问题及时解决，重大问题应立即报告质量负责人或技术负责人，并采取相应措施予以解决。
10.5 质量手册的执行，应作为部门和个人年终考核的依据之一。

评审要求

1 组织基本要求

1.1 概述

规定组织机构，明确各岗位职责和相互关系，保证检测工作科学、公正、诚信、高效。适用于检测机构设置、质量职能分配和关键岗位人员任命及授权。

1.2 职责

1.2.1 最高管理者负责组织机构的设置、质量职能的分配和资源的配置，任命关键岗位的人员，指定关键管理岗位的代理人；

1.2.2 最高管理者负责组织实施；

1.2.3 其他各岗位人员负责在各自职责范围内具体办理。

1.3 要求

1.3.1 法律地位

检测机构是具有独立法人资格的检测机构。

1.3.2 基本条件

检测机构具有固定的工作场所和开展检测工作所需要的检测设备。

1.3.3 管理体系

按《检测检测机构资质认定评审准则》的要求结合实际建立覆盖机构检测相关的所有工作。

1.3.4 人力资源

根据相关规定结合实际工作需要，配备与检测工作相适应的检测人员和管理人员。

1.3.5 保证公正性和独立性的措施

为保证向客户提供一流质量的公正检测服务，应做出公正性声明和质量承诺。检测机构应特别加强全体人员的职业道德等方面的教育和监督检查。

1.3.6 保密规定

对客户物品以及相关的文件、技术数据、报告、结果等同质量有关涉及所有权和机密信息负有保密责任，未经客户同意不得随意翻印、外传或借阅，任何人不得用客户的技术和商业机密谋利。具体按《保护客户机密及所有权的程序》执行。

1.3.7 组织机构

应附有组织机构框图。质量管理、技术运作和支持服务之间的关系应以不同的方式体现。

1.3.8 人员任命

（1）最高管理者任命机构的技术负责人、质量负责人、各部门主任、质量监督员、内审员等岗位人员。

（2）最高管理者不在岗时，应授权由质量负责人或技术负责人代行其职责。

（3）技术负责人不在岗时，由质量负责人代行其职责；质量负责人不在岗时，由技术负责人代行其职责。

（4）最高管理者推荐有资质的人员担任授权签字人（检测报告批准人），经评审机构考核认可。

（5）当最高管理者和技术负责人发生变更时，应按《检验检测机构资质认定评审准则》要求及时向颁发资质认定证书部门备案确认。

（6）任命、授权和签字识别应在授权签字人识别表上分别签字。

1.3.9　部门职责

（1）综合办公室

1）负责组织编制各类年度计划并组织实施；

2）负责检测业务接待，督促和协调检测室工作进度，解决检测工作中的服务问题；

3）负责抽样工作的组织管理；

4）负责各类印章的使用和保管；

5）负责检测报告的校核、盖章、发放和存档工作；

6）负责各类文件收集、登记、分发及档案的管理工作；

7）负责财务、统计核算、收费等工作；

8）负责采购计划并组织落实；

9）负责受理客户申诉和投诉；

10）协助内审、评审等工作；

11）组织做好仪器设备管理、维修保养及其量值溯源等工作；

12）负责人员培训计划的编制及协助组织实施；

13）负责对外技术交流及外来培训人员的接洽、安排及考核工作；

14）完成领导交办的其他工作。

（2）检测室

1）贯彻执行国家有关法律法规，努力钻研检测技术，不断提高检测技术水平和综合业务素质；

2）负责样品的交接、传递和有序检测；

3）负责本部门工作区域环境条件的监测、控制和记录，维持环境条件以满足检测工作需要；

4）协助技术负责人完成比对和技术校核工作；

5）协助综合办公室进行合同评审；

6）协助内审工作；

7）负责检测仪器设备的使用、日常维护保养等；

8）协助制定本部门仪器设备的操作规程和自校设备自校规程；

9）负责在用仪器设备的期间核查；

10）负责提出本部门采购申请，协助综合办公室做好到货验收、安装、调试；

11）了解行业检测技术现状和发展动态并收集有关信息，参与新方法的评审；

12）完成领导安排的其他工作。

1.4　岗位职责和权力

1.4.1　最高管理者

（1）职责

1）作为法人代表全面负责机构各项工作，组织贯彻执行国家及上级主管部门的有关方针、政策、法律法规；

2）负责统筹规划机构的建设和发展，协调各部门的工作，保证机构科学、公正准确地开展检测工作；

3）负责建立和完善管理体系，制定机构的质量方针和质量目标，批准发布质量手册程序文件、规章制度、公正性声明等；

4）负责组织机构的设置、职能的分配和资源的配置，任命关键岗位的人员指定关键管理岗位的代理人；

5）负责组织制定和审批经费预、决算，批准经费使用计划，签发机构行政文件；

6）审批内审计划和管理评审计划，主持管理评审；

7）批准年度工作计划、年终工作总结、分包合同、采购计划、人员培训计划、新建扩建改造项目等；

8）负责组织对全体人员的考核奖惩。

（2）权力

1）有权对机构设置、干部任免、考核奖惩、人员调配、资产使用及业务工作等重大问题做出决定；

2）有权召开办公会、业务、质量调度会和职工大会；

3）有权下达行政、业务、技术等各项工作任务；

4）有权对工作中出现的不安全因素提出强制性改进意见；

5）有权批准质量手册和其他重要的管理体系文件；

6）有权对新增检测项目的申请计量认证的活动进行把关；

7）有权代表机构参加一切对外活动。

（3）责任

1）对机构各项活动负法律责任；

2）对因领导不利造成的各项事故负领导责任；

3）对未正确及时贯彻执行上级的方针政策、法律法规和指示决议而造成的严重后果负责；

4）对机构检测工作的公正性、诚实性、独立性负责；

5）对以机构的名义签发的各种文件、报告的及时性、准确性负责。

1.4.2 技术负责人

在最高管理者领导下，负责机构技术管理工作。

（1）职责

1）负责了解和掌握本领域技术的发展方向，组织探讨新的检测手段和检测技术，确保机构检测水平的不断提高；

2）组织处理检测工作中的重大技术问题，处理检测异常，批准例外情况下的允许偏离；

3）负责组织编制和批准技术性文件，包括仪器设备操作规程和校验方法、检测记录表格等技术文件；

4）负责对签发的检测报告的准确性把关；

5）负责仪器设备标准物质的管理及组织期间核查、实验室间比对能力验证等质量

控制活动,并对其结果的有效性进行评价;

6) 负责组织有关技术标准、资料的收集,保证机构所使用的标准、规范现行有效,负责检测环境设施条件的配置和满足相关要求;

7) 负责年度培训计划组织编制和实施;

8) 参与质量手册、程序文件的编制、修订;

9) 在质量负责人外出时代行其职责。

(2) 权力

1) 有权批准检测报告;

2) 有权批准内部编制的技术文件;

3) 有权对检测工作中的技术问题进行处理;

4) 有权参与机构管理体系建立和运行的决策。

(3) 责任

1) 对未能及时完成布置的检测技术工作,致使工作出现差错,耽误和影响工作而造成的后果负责;

2) 对机构的业务技术工作未能达到预期的目标负领导责任;

3) 对由本人批准签发的技术文件、报告或报表的准确性负责;

4) 对机构内部编制的检测细则、操作规程、校验规程等技术文件的质量负有审核责任。

1.4.3 质量负责人

(1) 职责

在最高管理者的领导下,负责机构的质量管理工作。

1) 负责机构管理体系的建立和运行,组织编制、修订、宣贯和审核质量手册和程序文件;

2) 负责制定管理体系年度内部审核和管理评审计划,主持内审、组织管理评审;

3) 负责组织对不符合项的控制,并对纠正措施、预防措施实施情况组织跟踪验证;

4) 负责就管理体系的有关事宜对外联系;

5) 负责向最高管理者报告管理体系运行情况;

6) 负责日常检测工作的质量监督,审核检测报告,决定是否复检(检测质量裁决);

7) 负责检测工作质量信息反馈,组织客户提出的申诉和投诉及质量事故调查处理;

8) 在技术负责人外出时代行其职责。

(2) 权力

1) 有权参与机构管理体系的建立,管理体系文件编写,对质量管理中的重大问题决策;

2) 有权直接向最高管理者报告管理体系存在的问题。

(3) 责任

1) 对质量手册的管理、监督实施不利负责;

2) 对管理体系运行过程中发生的质量问题不能及时检查、解决负责。

1.4.4 综合办公室主任

在最高管理者、技术负责人、质量负责人的领导下,全面负责综合办公室工作,保证本部门各项工作顺利进行，对综合办公室的工作质量负责。

（1）职责

1）贯彻执行国家有关法律法规，组织建立机构各项管理规章制度并监督执行；

2）负责会议的组织和礼仪接待等；

3）协助机构领导对劳动纪律、安全卫生、设备管理、机构管理、检测工作进行质量考核；

4）负责本部门人员的岗位分工，指定本部门范围内的各项工作的责任人；

5）负责检测结果的评价工作；

6）完成领导交办的其他工作。

（2）权力

1）有权审核检测工作有关的统计报表及各种上报材料；

2）有权对检测任务的进度情况进行监督检查；

3）对本室人员有任用权和工作分配权。

（3）责任

1）对检测业务组织管理不善、安排不当而完不成检测任务负责；

2）对统计报表、总数等完成不及时、不准确负责；

3）对建立人员、仪器设备、文件记录等技术档案不规范负责；

4）对上报下发的文件、材料因审核不仔细出现问题负责。

1.4.5 检测室主任

在最高管理者、技术负责人、质量负责人的领导下，全面负责本部门工作，保证检测室各项工作顺利进行，对检测室的工作质量负责。

（1）职责

1）组织本部门人员认真学习与检测有关的业务知识，以确保检测人员正确掌握标准和操作规程；

2）负责本部门人员的业绩考核；

3）负责本部门人员的岗位分工，指定检测室范围内的各项工作的责任人；

4）负责本部门人员的培训需求和考核计划的提出，协助组织实施比对验证和技术校核内审和供应商的调查和评价等工作；

5）负责检测业务的组织实施；

6）完成领导交办的其他工作。

（2）权力

1）对本室检测报告有审核权；

2）有权对检测工作提出各种意见和建议；

3）对本室人员有任用权和工作分配权。

（3）责任

1）对不能按时完成各项检测任务负责；

2）对本部门提供的检测数据的真实性和出具检测报告的正确性、规范性负责；

3）对本部门检测仪器设备的正确操作使用、维护保养负责；

4）对本部门范围内的各项质量事故负领导责任。

1.4.6 资料管理员

在综合办公室主任的领导下，承担机构内文件、记录的管理工作。

（1）职责

1）负责按文书档案的要求对文件进行分类、登记、造册，立卷归档等；

2）负责质量手册、检测标准等各类文件的分发和回收等控制工作；

3）负责图书资料、有关检测规范与标准等归档保管；

4）负责检测原始记录、检测报告、检测委托书、样品登记等技术记录的整理、存档和保管工作；

5）负责内审、管理评审等质量记录的整理、存档和保管工作；

6）负责检测人员技术档案、设备档案的建立和保管；

7）完成领导交办的其他工作。

（2）权力

有权拒绝办理不符合规定的文件、记录的借阅。

（3）责任

1）对各类文件、记录的保管不善、遗失、损坏负责；

2）对违反保密制度，给客户和机构声誉造成不良后果负责。

1.4.7 设备管理员

在综合办公室主任的领导下，承担机构仪器设备的管理工作。

（1）职责

1）负责仪器设备的日常安全运行维护的监督管理工作；

2）负责仪器设备的周期检定/校准计划的编制和落实；

3）协助技术负责人组织制定仪器设备的操作规程、校验规程、期间核查方案，并督促实施；

4）参与仪器设备的验收、安装、调试和检修，参与设备事故的调查处理；

5）完成领导交办的其他工作。

（2）权力

1）有权停止使用不符合计量要求的仪器设备；

2）有权制止违反仪器设备操作规程的行为。

（3）责任

1）对机构仪器设备账、物不符负责；

2）对机构仪器设备标志管理不规范负责；

3）对因工作失职而造成仪器设备没有按时进行周期检定、校验，而影响机构检测工作负责。

1.4.8 样品管理员

在综合办公室主任的领导下，承担机构样品的接收、检查、登记和保管工作。

（1）职责

1）负责建立和维护机构样品控制和管理系统；

2）负责送/抽样品的交接、流转、回退、销毁；

3）负责样品贮存环境的维护和样品的保管；

4）负责建立健全客户样品交接和登记记录。

（2）权力

1）有权拒收不符合要求的样品；

2）有权监督在检样品的流转、保管和维护；

3）有权向质量负责人汇报样品管理工作中存在的问题；

4）有权制止一切有违保密原则的行为。

（3）责任

1）对样品及其相关信息保密负责；

2）对样品检查、验收不完全、信息不准确，影响检测工作负责；

3）对因保管不善，造成样品遗失、损坏等后果负责。

1.4.9 结算员

在综合办公室主任的领导下，承担机构内客户缴纳的检测费收取和管理工作。

（1）职责

1）负责检测费用的核定，严格执行检测收费标准，认真核对每个收费款项；

2）负责按票据程序开票，字迹清晰、准确、无误；

3）负责收取检测费用，随交随收，数字填写工整、清晰；

4）负责保管票据、存根、收款印件，按号存放，无损坏和丢失；

5）确保检测费日清月结，分类记账，做到账票相符；

6）完成领导交办的其他工作。

（2）权力

有权抵制不合理的收费、缴费和开具发票。

（3）责任

对检测收费核定不准确、出现差错负责。

1.4.10 检测员

在检测室主任的领导下承担相关的检测任务，对检测过程和结果正确性、准确性、真实性负责。

（1）职责

1）严格执行检测方法标准和仪器设备操作规程，确保检测结果准确可靠；

2）负责检测有关的原始记录的填写、计算、复核；

3）负责所用仪器设备、工具的保管、维护、保养及所用仪器设备使用记录和日常维护记录的如实填写；

4）负责环境条件的监控，并做好记录；保持试验场地整齐清洁，做到文明检测；

5）妥善保管检测样品；

6）严格执行《检测人员行为规范》及各项规章制度；

7）完成领导交办的其他工作。

（2）权力

1）有权抵制不符合检测工作程序和要求的干扰；

2）有权拒绝客户提出的不合理要求。

(3) 责任

1) 对检测所采用的方法和依据标准的正确性负责；
2) 对检测所采用的仪器设备的正确性负责；
3) 对检测原始记录的真实性负责；
4) 对出具和打印的检测报告，特别是数据的真实性和判断结论的正确性负责；
5) 在检测过程中对被检样品的遗失、非正常损坏负责。

1.4.11 授权签字人

在最高管理者的领导下，负责检测报告的签发。

(1) 职责

1) 负责对签发的报告内容、结论用语、信息的准确性等进行审核；
2) 负责对检测所依据的标准、检测方法、使用的仪器进行审核；
3) 负责对报告中的法定计量单位的使用及数据修约进行审核，如发现已发出去的报告有误，应采取措施积极补救，能追回的应当追回，不能追回的应发补充报告，将损失降到最低。

(2) 权力

1) 有权拒绝签发不符合要求的检测报告；
2) 有权要求检测人员对有疑问的检测报告所对应的被检样品进行重检或复检。

(3) 责任

对不符合要求的检测报告的签发负责。

1.4.12 质量监督员

在质量负责人的领导下，负责对检测过程和结果进行随时监督。

(1) 职责

1) 负责对检测人员是否按相应的规程、标准或技术规范进行监督；
2) 负责对检测工作程序的执行情况进行监督；
3) 负责对检测结果进行检查，保证其准确无误；
4) 有权对可能存在质量问题的检测结果要求有关人员重新检测。

(2) 权力

1) 有权对检测现场和操作过程、关键环节、主要步骤、重要检测任务以及新上岗职工随时监督；
2) 当检测工作中发生的偏离并且影响检测数据和结果时，有权中止检测工作；
3) 有权向技术负责人、质量负责人直接反馈发生偏离的情况。

(3) 责任

1) 对发现重大问题而未及时汇报，致使工作造成损失的后果负责；
2) 对管理体系文件实施监督不利负责。

1.4.13 内审员

在质量负责人、内审组长的领导下承担机构管理体系内部审核工作。

(1) 职责

1) 接受内审组长的委派，实施内部审核；
2) 编制审核检查表；

3）负责对纠正措施进行跟踪验证；
4）对实施的纠正措施进行有效性评价；
5）对质量管理体系改进提出建议；
6）完成审核组长交办的其他工作。

（2）权力

1）有权对机构管理体系的符合性和有效性进行检查；
2）有权督促纠正措施的实施。

（3）责任

1）对内审过程的完整性和内审程序的合理性负责；
2）对内审结果的正确性负责；
3）对内审发现的问题整改不利负责。

1.4.14　审核人员

职责包括：

（1）检查检验依据、检验方法的正确性及检验结果的真实性、准确性与指令性文件的符合性，报告内容是否符合规定要求；

（2）对报告中的不符合内容应要求编制人员修改；

（3）若对报告中数据有疑问，应询问检验人员或提出复检建议或拒签。

1.5　支持文件

1.5.1　《检测工作公正性及诚信保证程序》

1.5.2　《保护客户机密及所有权的程序》

1.5.3　《质量控制程序》

2　人员

2.1　概述

人力资源是检测机构优质、高效地完成各项任务的重要前提，配备足够数量的人员并对其知识、能力、技术水平和实践经验等素质提出相应要求，同时不断进行适当的培训和考核也是保证检测工作质量的有效手段。

2.2　职责

2.2.1　最高管理者负责人力资源的配置；

2.2.2　技术负责人负责编制机构人员年度培训计划，并组织实施；

2.2.3　综合办公室负责保管培训记录，建立和保存人员技术档案。

2.3　要求

2.3.1　人员的配备

（1）根据《检验检测机构资质认定评审准则》结合机构实际工作需要配置管理和技术人员。

（2）根据相关要求明确管理人员、执行人员和监督人员的职责，并由最高管理者任命技术负责人、质量负责人、各部门主管、内审员和质量监督员，应有任命书。

（3）机构使用的正式人员或合同制人员，无论其身份如何，其能力必须符合相关岗位能力的要求，其工作也必须按管理体系文件的要求进行并接受监督。

（4）人员聘用和管理按《人员管理程序》执行。

2.3.2　人员的任职资格

（1）最高管理者应具备大专以上文化水平、中级以上专业技术职务，熟悉检测业务，了解与检测相关的法律法规和标准。

（2）技术负责人应具备大专以上文化水平、中级以上专业技术职务，具有较丰富的管理经验，熟悉检测业务、相关的法律法规、标准和机构所开展的检测技术发展动态，技术能力强，经有关部门培训考核合格。

（3）质量负责人应具备大专以上文化水平、中级以上专业技术职务或者同等能力，熟悉检测业务、相关的法律法规和标准，熟悉检验检测机构资质认定评审准则，具有组织管理体系有效运行和持续改进的管理能力。

（4）授权签字人（检验报告签发人）应具备大专以上文化水平、中级专业技术职务，掌握授权范围的专业知识，熟悉检测方法；能正确地评判检测报告的规范性和准确性，有一定的组织管理能力，经评审机构考核合格后授权。

（5）管理人员应具备大专以上文化水平；从事检测或管理工作三年以上，熟悉有关的法律法规和检测基本知识，有一定的协调能力。

（6）检测人员应具备中专（高中）以上文化水平，掌握本专业基础理论知识和业务知识，熟悉相关法律法规，具有一定的实际操作技能，能正确处理和判断检验结果，并经考核合格或持有检测员证。

（7）内审员应具备大专以上文化水平，有三年以上检测工作经验，且知识面广、经验丰富，熟悉《检验检测机构资质认定评审准则》及相关的法律法规，掌握管理体系的运行过程，经考核取得内审员资格证书。

（8）质量监督员应具备大专以上文化水平，对机构管理体系及检测工作比较熟悉，熟练掌握检测方法，具备正确地检查机构所开展的相关检测项目的检测结果的准确性和可靠性的能力。

（9）服务人员应具备初中以上学历和一技之长，能为管理体系运行提供可靠的保障，特殊工种规定有操作证要求的需持证上岗。

2.3.3　人员的培训

（1）根据检测市场的变化，制定出长远学习规划及年度培训计划。

（2）每年12月下旬，综合办公室汇总编制下年度培训计划，报技术负责人审核，最高管理者批准后组织实施。培训内容应包括计量法、标准化法、产品质量法等相关法律法规学习。

（3）检测所需的误差理论、法定计量单位、数字修约，检测标准、试验方法等专业知识的培训。

（4）机构制定的质量手册、程序文件的学习，职业道德和工作纪律的教育等。

（5）培训可采用选派人员到上级专业单位进修学习、参加各类专业培训班、学术交流会议及经常化、制度化的公司内部组织业务学习等方式进行。

2.3.4　人员的考核

（1）技术负责人应积极组织检测人员参加国家、主管部门组织的人员取证培训考核和实验室间比对验证等熟练性考核。

(2) 技术负责人安排检测人员进行岗位考核，考核合格后上岗。
(3) 质量负责人组织参加内审员资格的培训考核。
(4) 内审员在内审过程中负责对检测人员进行工作质量考核。
(5) 综合办公室不定期抽查组织的各类培训学习的部门与个人的学习记录，年底进行书面考试，考试成绩与年底考核挂钩。
(6) 年底由最高管理者组织对全体人员进行年终综合考核。

2.3.5 在培人员的监督

(1) 对培训期间的人员的工作进行监督，以确保他们正确理解和执行管理体系文件，不要影响检测结果的质量。
(2) 培训期间的人员一般是指新上岗的职工（包括岗位调整人员）。在实习或见习期间不允许在培人员独立从事检测工作，必须在有关人员的指导和监督下从事检测工作。

2.3.6 人员技术档案

综合办公室资料管理员负责建立和管理在岗技术人员业绩档案，保存技术人员的有关资格证书（复印件）、培训经历、技能和业绩等记录。

2.4 支持文件

2.4.1 《人员培训与考核程序》
2.4.2 《人员管理程序》

3 环境

3.1 检测实验室应具有固定的工作场所，工作环境应满足检验检测要求。

用于检验检测工作的场所、能源、照明、通信、运输以及温度、湿度、机械环境条件（冲击、振动）电磁干扰等应均能满足相关法律法规、技术规范或标准的要求，并有利于检验、检测工作的顺利进行。实验室的设施和环境条件与所进行的工作类型相适应，不同类型的实验室适应不同的要求。

3.2 办公室具体负责水、电、气的供应及管线安装和维护。

仪器设备移动后要注意设备计量性能和相应环境条件的改变，必要时重新检定、调试。

3.3 实验室应根据开展的检验/检测项目，对环境条件进行监测、控制，并对环境条件进行记录。对电磁干扰、电源电压、振动、大气压强予以重视，使其适应相关的检测活动。当环境条件发生波动时，及时调控和记录这种波动，避免这些波动影响检测结果的质量。

3.4 在检验检测过程中根据检测标准和检测方法的要求，对环境条件实施监测和控制，并在原始记录、仪器设备使用过程中，有原始和真实的记录。各检测室对所配备的设施及环境进行日常维护、监控，并保证各项检验检测过程符合规定。对所配备的设施及环境进行日常维护、监控，并保证各项检验检测过程在规定的环境条件下进行。对检验检测用化学危险品、有毒品、有害生物、电离辐射、高温、高电压、以及水、电、气、火等危及安全的因素和环境，进行有效控制，确保安全。

3.5 建立紧急情况下的应急处理措施，配备防盗灭火器材，放置于醒目易取的地点。实验室工作人员要掌握必要的应急方案，出现险情和意外事故时实验室能在第一时间快速反应。对检测过程中产生的废气、废液、粉尘、噪声、固体废弃物进行合理处置，处置效果符合环保要求，并做好相应记录。超出实验室处置范围的，应委托环保部门处置。办公室和实验室负责对检验/检测产生的固体废弃物进行集中处理。

3.6 实验室应制定《内务管理程序》。实验室工作区域应有正确、显著的标识，未经允许的人员不得进入检测区域。有客户要求观察其产品的检测时，在确保其他客户机密的前提下，允许该客户在指定人员陪同下合理进入实验室受控区，直接观察为其产品进行的检测。

3.7 合理布局实验室，实验室与办公场所分离，相邻区域之间有不利影响时应采取有效隔离措施，以防止影响检验、检测工作质量和对环境的交叉污染。

3.8 支持性文件

《内务管理程序》

4 设备设施

4.1 机构应建立和保持《测量设备及设施管理程序》，目的是对设备运输、存放、使用维护、安全处置进行相应管理，以确保其功能正常并防止污染或性能退化。机构使用的检验检测设施，均应有利于检验检测工作的正常开展。

4.2 具备从事检验检测活动所必需的检验检测设备设施。

4.2.1 机构应正确配备检测所需要的仪器设备，包括抽样工具、样品制备和数据处理需要的仪器设备和相关软件。仪器设备的技术指标和功能满足要求，量程与被测参数的技术指标相适应。

4.2.2 实验室对所有仪器设备进行正常维护，使设备处于完好状态。按照《仪器设备质量溯源程序》执行。

4.2.3 机构每年都应编制仪器设备校准计划，并按校准计划组织实施。对两次校准期间数据的结果不确定性，可按《仪器设备期间核查程序》执行，以确保出具的检测数据的准确性。

4.3 对操作有重要影响的检测设备应授权指定人员使用。非设备操作授权人员不得操作、使用相应的设备。对结果有影响的检测设备应进行唯一性标识（设备编号）。设备使用和维护说明书及作业指导书确保是现行、有效版本，并便于授权人员取用。

4.4 设备建档维护管理

4.4.1 机构现有的各类检测仪器设备，实行统一建档。仪器设备档案资料由综合办公室保存，各检测室随时记录运行和维修情况。主要检测仪器设备见主要仪器设备一览表。仪器设备档案记录至少应包括：

（1）设备及软件的识别；

（2）制造商的名称、型式表示、系列号或唯一标识号；

（3）核查设备是否符合规范；

（4）当前的位置；

（5）说明书；

（6）校准报告和下次校准的预定日期；

（7）维护计划及已进行的维护；
（8）设备的损坏、故障、改装或修理。

4.4.2 实验室应对所有仪器设备进行定期维护，使设备处于完好状态。按照《仪器设备质量溯源程序》执行。

4.5 仪器设备出现缺陷时，立即停止使用，要做明显标识并报仪器设备管理员修复。修复的仪器设备经检定、校准、自校准证明其功能指标符合要求后方可重新投入使用。实验室还应对由于缺陷或偏离规定的极限，对过去的检验检测造成的后果进行追溯。发现不合格，按《纠正措施程序》和《预防措施程序》处理，直至修复并通过校准后正常工作为止。必要时通知客户，以确保检验检测工作质量，为客户提供可信任的数据，并执行《不符合工作的处理程序》。

4.6 仪器设备校准要求

4.6.1 需校准的所有设备，应有标识表明其校准状态，包括上次校准日期、再校准或失效日期。

4.6.2 若有些设备脱离了实验室控制，应在设备返回后，在使用前对其功能和校准状态进行核查，并得到满意结果。

4.6.3 针对仪器设备的性能不够稳定、漂移率大的，使用非常频繁的和经常携带运输到现场检测，以及在恶劣环境下使用的仪器设备，要执行《仪器设备期间核查程序》。

4.6.4 仪器设备经校准给出一组修正因子时，实验室确保有关数据得到修正。计算机软件及时更新。

4.6.5 实验室使用、购买未经定型的专用检测仪器，生产厂家应提供该设备的验证证明，以增强该设备出具数据的可信度。

4.7 制定并实施《仪器设备期间核查程序》，对重要的、使用频度较高、长期稳定性较差的关键测量设备，利用期间核查以维持设备在两次校准之间的校准状态的可信度。检测部门负责人应明确需期间核查的设备并责成设备使用人员制定核查方案，监督员应对其实施监督。对可以进行调节的设备和可以进行参数设置的软件进行保护，以避免检测结果失效。

4.8 技术负责人应组织检测室技术人员确定所有测量设备应溯源的参数或量值。选择其溯源性资质、校准能力满足要求的校准机构进行校准，并制定校准溯源计划。技术管理层组织制定各测量量值的溯源图表。每次校准/检定后，设备使用技术人员应对溯源有效性和量值稳定性进行确认。

4.9 制定《标准物质量值溯源与期间核查程序》，以便规范、安全处置、运输、存储、使用标准物质。规定必须购买和使用国家有证标准物质公告公布的，且带有授权机构颁发证书的有证标准物质，以保证标准物质的量值能溯源到SI（国际单位制）测量单位或上级有质有证标准物质。当无有证标准物质可用时，应通过比对试验、能力验证等方式证明量值的准确和溯源。标准物质（参考物质）必须进行期间核查，以保持其校准状态的置信度。

4.10 支持文件

4.10.1 《测量设备及设施管理程序》

4.10.2 《仪器设备期间核查程序》

4.10.3 《仪器设备质量溯源程序》

4.10.4 《预防措施程序》

4.10.5 《纠正措施程序》

4.10.6 《不符合工作的处理程序》

4.10.7 《标准物质量值溯源与期间核查程序》

5 管理体系

5.1 概述

建立、实施并保持文件化的管理体系，确立工作管理体系的方针和目标，确保机构全体人员熟悉、理解并可方便获取和执行管理的体系文件，以保证机构的检测工作质量符合规定。

5.2 职责

5.2.1 最高管理者主持建立管理体系，制定质量方针和质量目标，主持管理评审。

5.2.2 质量负责人负责组织管理体系文件的编制、宣贯和运行。

5.2.3 技术负责人负责技术活动组织实施和检测结果的质量保证。

5.2.4 各部门人员根据质量职责按管理体系文件规定实施相应的活动。

5.3 管理体系的建立

5.3.1 由最高管理者主持建立管理体系，根据机构检测工作范围、性质及发展方向，制定机构的质量方针和质量目标。

5.3.2 质量负责人按照《检验检测机构资质认定评审准则》的要求及机构的质量方针，组织有关人员建立符合实际、便于全面实施的检测管理体系。

5.3.3 机构应对为保证管理体系的有效运行而建立的组织机构、分配的各项质量职责、所有岗位的职责进行详细描述。

5.3.4 为保证检测管理体系有效运行，应编制全套管理体系文件，全体员工必须认真学习，深刻领会，严格执行。

5.3.5 检测管理体系的运作过程应制定为检测工作流程图和现场检测工作流程图。

5.3.6 为保证检测工作的有效开展应配备能满足工作需要、符合相关要求的技术、管理人员、相应的仪器设备及设施环境。

5.3.7 管理体系对检测报告形成的全过程，从检测实施有关的人员、仪器设备、设施和环境、检测方法等方面来确保符合相关技术要求，同时加强文件控制、不符合工作控制，通过内审、管理评审、申诉和投诉处理等手段改进和提高管理体系运行水平和检测工作质量，绘制描述以检测工作为主干线，支持服务为基础，管理工作促改进的相互关系的《管理体系控制框图》。

5.4 管理体系文件

5.4.1 管理体系文件分内部编制文件和采用的外来文件两大类，共4个层次：

（1）第一层次文件：质量手册。是阐明检测机构质量方针，描述检测机构按有关要求建立和运行管理体系的纲领性文件。

（2）第二层次文件：程序文件。是规定检测机构各项质量活动的方法和要求的文件，是质量手册的支持性文件，还包括管理制度。

（3）第三层次文件：作业指导书。是规定某项具体活动的详细指导性文件，包括各类产品标准、检验标准、技术规范、操作规程、检测细则、技术法规文件。

（4）第四层次文件：记录。记录表格是程序文件的附件内容，记录是管理体系运行的见证，贯穿于"产品"（报告）形成的全过程，包括质量计划、质量报告等。

5.4.2 管理体系文件可以是书面形式，也可以是以其他方式保存的形式。

6 公正性和保密性

6.1 质量手册是依据国家质量监督总局《检验检测机构资质认定管理办法》和《检验检测机构资质认定评审准则》，结合检测机构自身具体情况编制的。它是检测机构实施和确保质量体系有效运行和必须遵循的主体性、法规性文件。质量手册适用于内部质量管理也适用于外部质量保证，同时又是向客户和政府质检部门展示质量体系和提供质量保证的主体性、法规性文件。质量手册由机构管理人员编写，质量负责人审核，经最高管理者批准后实施。

6.2 机构应编制《保护客户机密信息及所有权的程序》，用于维护委托用户的利益，切实保密和保护委托用户的技术信息、检测试验数据商业机密、知识产权及所有权，确保检测工作的公正性、可靠性。

6.3 检测机构不得有与检测活动、数据和结果存在关联的利益关系；不得参与任何对检验检测结果和数据的判断产生不良影响的商业或技术活动，保证工作的独立性和数据、结果的诚信性；不得参与和检验检测有竞争利益关系产品的设计、研制、生产、供应、安装、使用或维护活动。

6.4 检测机构应定期举行宣贯反商业贿赂会议。保证工作人员不受外界压力和影响，通过宣贯学习将工作人员可能受到的、来自内部或外部的商业、经济、财务等的压力或影响加以消除，使工作人员在一种不受任何影响、独立的状态下完成试验，出具可靠的试验结果的过程。工作人员应自觉自律，抵制国家明确禁止的商业贿赂。

6.5 工作人员应自觉自律，严格保密委托客户的商业秘密和技术秘密，保护客户财产的所有权，严格执行《检测工作公正性及诚信保证程序》。

6.6 支持文件

6.6.1 《保护客户机密信息及所有权的程序》

6.6.2 《检测工作公正性及诚信保证程序》

7 文件控制

7.1 概述

对管理体系文件的编制、批准、修订、发放、回收、保存、编号等各环节进行控制，以确保检测机构有关场所及时获取和使用的文件为最新有效版本。

7.2 职责

7.2.1 最高管理者负责批准发布质量手册和重要的质量文件。

7.2.2 质量负责人负责组织质量手册和程序文件的修订及审核，组织管理性质量文件的宣贯。

7.2.3 技术负责人负责技术性文件的修订和审核。

7.2.4 综合办公室负责文件控制管理，并协助组织质量文件的宣贯。

7.3 要求

7.3.1 文件控制范围

（1）受控类文件不仅包括内部制定的质量手册、程序文件、作业指导书和质量记录表格等文件，而且包括采用的外来文件，如检验标准、技术规范、校准规范等。

（2）存档类文件包括设备档案、人员技术档案、合同协议、原始记录、检测报告的副本及各项质量活动的记录。

7.3.2 文件编制和批准

（1）有关人员根据安排或工作的需要，起草或修改相应的文件，经质量/技术负责人审阅，必要时由质量负责人或技术负责人主持召开专题会议，进行讨论。

（2）通过的文稿，由资料管理员进行格式规范、编号及文字整理工作，经审定和批准后，予以发布执行。

7.3.3 文件的使用和发放

（1）在与管理体系有关的场所，必须使用现行有效版本的管理体系文件。

（2）受控文件应有受控标识，并按规定进行发放，根据需要而保留的已作废的文件必须有作废标识。

7.3.4 修改和换版

（1）质量负责人或技术负责人应定期对受控文件进行评审，必要时进行修改。

（2）文件的修改一般由该文件原编制人进行，更改后的文件也应经过再批准，并加以注明。

（3）文件修改条款较多或内容有较大修改时，应换版。换版文件的审批同原文件审批程序。

7.4 支持文件

《文件控制程序》

8 合同评审

8.1 目的

对客户要求、标书、合同进行评审，确保合同条款内容清楚，质量要求合理，本站有足够的能力、资源，满足合同的要求，保证合同的顺利履行。

8.2 适用范围

适用于本站对所有客户检测项目的要求、标书、合同的评审。

8.3 职责

8.3.1 业务部和检测部负责常规例行简单的检验委托合同的评审。

8.3.2 最高管理者和技术负责人负责组织相关人员对新的、复杂的、先进的、重大的项目合同进行评审。

8.4 要求

8.4.1 检测机构应对要求、标书和合同进行评审，并使评审能确保：

（1）包括检测方法的客户要求应予以规定，并形成文件，便于双方理解；

（2）使机构有能力和资源满足客户要求；

（3）选择适当的、能满足要求的检测方法；

（4）客户的要求或对标书、合同有不同的意见，应在签订之前得到解决，每项合同都应得到双方的同意认可。

8.4.2 合同评审

（1）常规例行简单的检验委托合同的评审由业务委托室进行评审签字确认；

（2）对重复性例行检测，如客户要求不变，业务委托室也只须评审签字确认即可；

（3）对新的、复杂的、重大的项目合同由最高管理者和技术负责人负责组织相关人员进行评审。

8.4.3 合同评审记录

（1）应保存包括任何重大变化在内的评审记录；

（2）合同执行期间，就客户的要求或工作结束与客户进行讨论的有关记录，也应予以保存。

8.4.4 当合同涉及分包项目时，合同评审的内容应包括分包出去的所有工作。

8.4.5 对合同的任何偏离均应通知客户，并执行本站关于偏离的相关规定。

8.4.6 在合同执行期间，如果需要修改合同，应重复进行同样的合同评审过程，并将所有修改内容通知所有受到影响的人员。

8.5 相关支持性文件

《客户要求、标书和合同评审程序》

9 分包

9.1 概述

当机构遇到特殊情况或某些特殊检测项目所需检测设备昂贵，且使用频率较低时，需将部分检测工作分包，应对分包方的能力进行评审，并对分包的检测项目的实施全过程控制和管理，以确保分包业务的有效性和检测结果的质量。

9.2 职责

9.2.1 检测室负责提出分包申请并执行；

9.2.2 技术负责人负责组织分包方的评价和选择，起草分包协议；

9.2.3 最高管理者负责分包需求的批准和分包协议的签订；

9.2.4 综合办公室负责分包档案的保管。

9.3 要求

9.3.1 分包方的选择与评价

（1）应对拟分包方的检测机构的仪器、环境条件、人员素质、质量管理等能力进行评价，选择符合《检验检测机构资质认定评审准则》要求的检测机构；

（2）分包方的选择由检测室根据分包的项目技术要求提出建议，技术负责人组织有关技术人员对分包方的技术能力进行评价；

（3）综合办公室根据评价结果提出合格分包方名单，报最高管理者审批；

（4）技术负责人拟订分包协议，报最高管理者签订；

（5）需分包时，应将分包安排的情况以书面形式通知客户，必要时应得到客户的准许；

（6）由分包方完成的检测项目的数据，应在机构出具的检测报告中注明。

9.3.2 分包方的质量控制

（1）综合办公室应保存对分包方评审的记录以及各种资质证明材料，如遇变更应及时更换；

（2）应根据需要，在年度内审时对分包方进行审核；

（3）如遇分包方的资质发生重大变化（设备状况、人员配备、环境条件、质量管理体系等变更等），应随时重新进行评审，确定分包方是否仍符合要求；

（4）如果因分包方的工作质量问题给客户造成损失，由机构按照《申诉和投诉处理程序》中的有关规定直接向客户赔偿，但客户或政府部门指定的分包方除外。

9.4 支持文件

9.4.1 《检验检测分包程序》

9.4.2 《结果报告管理程序》

9.4.3 《申诉和投诉处理程序》

10 服务和供应品采购

10.1 概述

应对影响检测质量的外部支持服务、仪器设备和为了确保机构检测工作质量，消耗材料的选择、购买、验收、存储、使用等过程进行有效控制。

10.2 职责

10.2.1 检测室负责本部门服务和供应品需求的申请及对其使用的评价和反馈。

10.2.2 综合办公室负责编制采购计划、验收、存储、发放及采购文件、供应商档案的归档、保管。

10.2.3 技术负责人负责审核采购申请、组织实施服务和供应品的验收及供应商评价。

10.2.4 质量负责人参与对检定/校准机构和供应商的资质评价。

10.2.5 最高管理者负责服务和供应品采购申请的批准。

10.3 要求

10.3.1 服务与供应品的选择和购买

（1）为保证检测工作的质量，在选择和采购对检测质量有影响的仪器设备、消耗材料等供应品及量值溯源、培训等服务时，只选用有充分质量保证（如通过 ISO 9001 质量管理体系认证、JJF 1069 考核、实验室资质认定、实验室认可等相关认证认可）的供应商所提供的服务和供应品；

（2）选择和购买对检测质量有影响的服务和供应品，购买、验收和存储与检测有关的标准物质等消耗材料，具体执行《服务和供应品采购控制程序》；

（3）当服务或供应品无独立质量保证时，也应执行《服务和供应品采购控制程序》，确保所采购的服务和供应品符合规定要求。

10.3.2 服务和供应品的验收和使用

（1）只要有可能，要对所采购的影响检测质量的仪器设备和消耗材料按有关检测方法中规定的标准、规范进行检测、校准或检定、验证，符合要求后才投入使用；

（2）还应保存服务和供应品验收的所有相关记录；
（3）物品的保管要做到标识清楚，账物相符，不损坏，不混淆。

10.3.3 供应商的评价和选择

（1）技术负责人应组织对影响检测质量的重要消耗品、供应品和服务的供应商进行评价，确定合格供应商的名单。

（2）综合办公室负责收集和保存对影响检测质量的重要消耗品、供应品和服务的供应商的有关信息资料，建立供应商档案，包括供应商评价记录及合格供应商的名单，供采购时选用。不断淘汰产品质量低、信誉差的企业，保留和增加产品质量高、信誉好的供应商。

10.4 支持文件

《服务和供应品采购控制程序》

11 服务客户

11.1 概述

树立为客户服务的理念，以客户为关注焦点，是做好各项工作的基本原则之一，是检测机构立足的根本。检测机构应在服务（检测）的全过程中，认真、积极、充分地与客户进行合作、沟通，做好检测工作，以良好的服务使客户满意。

11.2 定期向全体员工宣贯为客户服务的理念，以确保服务理念的建立并落实于实际工作中。

11.3 与客户良好的合作可包括的要点

（1）在确保其他客户机密的前提下，允许客户或其代表进入检测相关区域直接观察为其进行的检测；

（2）应客户要求，为其准备、包装和发送为验证目的所需的检测样品。

11.4 与客户良好、充分的沟通应包括的要点

（1）合同评审时，明确客户的要求；

（2）在服务（检测）过程中，与客户保持联系，将检测中的任何延误和重要偏离及时通知客户；

（3）需要时，可对相关测试结果合理地给出评价意见和解释；

（4）应进行客户调查或与客户一起评价检测报告，尤其是大众业务客户的意见反馈，收集汇总后，作为管理评审的输入，以不断改进管理体系，提高检测工作质量，更好地服务于客户。

11.5 支持文件

11.5.1 《客户要求、标书和合同评审程序》

11.5.2 《管理评审程序》

12 投诉

12.1 概述

机构应时刻关注客户的意见或建议，及时处理客户或其他方面的申诉和投诉，以找出差距，不断改进检测工作质量，提高服务水平。

12.2 职责

12.2.1 综合办公室负责申诉和投诉的受理和参与调查；

12.2.2 相关责任部门制定并组织实施纠正、预防措施；

12.2.3 质量负责人负责申诉和投诉的处理。

12.3 要求

12.3.1 申诉和投诉的受理

（1）申诉和投诉者采用电话或书面方式提出申诉和投诉，由综合办公室予以记录；也可向有关行政主管部门提出申诉和投诉。

（2）涉及对检测结果有异议并要求复检的申诉和投诉应在当日内提出。

（3）所有一般的申诉和投诉，应在机构规定的工作日内对申诉和投诉做出答复，紧急申诉和投诉应及时答复。

12.3.2 申诉和投诉的处理

（1）综合办公室按照《申诉和投诉处理程序》对申诉和投诉的情况进行识别和处理。在规定的时间内查明原因，提出处理意见；

（2）相关责任部门在确认申诉和投诉事实后，应主动配合制定并实施纠正措施或预防措施；

（3）对检测结果有异议，涉及复检的申诉和投诉处理及重大过失的处理报质量负责人；

（4）因机构工作质量原因造成的客户损失，质量负责人应与其商谈，给予妥善的解决和必要的赔偿；

（5）综合办公室应归档保存所有申诉和投诉的受理、处理记录。

12.3.3 由申诉和投诉引起的附加审核

当申诉和投诉涉及机构管理体系的适应性、有效性时，质量负责人认为有必要时应组织附加审核。

12.4 支持文件

12.4.1 《申诉和投诉处理程序》

12.4.2 《内部审核程序》

12.4.3 《管理评审程序》

13 不符合工作的控制

13.1 当检测工作的任何方面或该工作的结果不符合其程序或客户同意的要求时，由质量负责人组织各部门对其进行控制。具体执行《不符合项处置程序》。

13.2 不符合项处置程序应确保的事项：

13.2.1 通过日常质量监督对检测工作、仪器的校准、受检物品的核查、报告的审核、内部审核、外部审核、管理评审等活动发现不符合，质量监督员有责任和权力识别不符合检测工作，并采取措施，必要时暂停工作，并通知综合办公室采取扣发检测报告等应急补救措施，避免不符合扩大化造成更严重的后果和损失。

13.2.2 对不符合工作的严重性进行评估，判断是一般不符合，还是严重不符合，是否有可能再度发生。

13.2.3 造成不符合工作的责任部门应立即采取纠正活动,接受质量监督员/内审员对纠正效果的跟踪监督,因特殊原因不得不偏离检测程序、规则或方法时,应有可靠的确保检测工作质量不受影响的措施,并报质量负责人对不符合工作的可接受性做出决定。

13.2.4 必要时,通知客户并取消工作。

13.2.5 暂停工作的不符合检测工作,在采取相应处理措施后,由质量负责人批准恢复工作。

13.3 对管理体系或检测活动的不符合工作或问题的鉴别可在管理体系和检测工作的下列(但不限于)环节进行:

(1) 检测工作的质量控制;
(2) 测量设备的校准;
(3) 试剂、消耗材料的核查;
(4) 人员的考核与监督;
(5) 检测报告的核查;
(6) 内部审核和外部审核;
(7) 管理评审。

13.4 当评价表明不符合工作可能再度发生,或机构的运作涉及对其政策和程序的偏离时,应立即执行《纠正措施》和《持续改进控制程序》。

13.5 对年度不符合工作的控制情况,及采取的纠正措施与效果由质量负责人进行汇总、分析、报告,并输入管理评审,提出预防方法,执行《预防措施程序》。

13.6 支持文件

13.6.1 《不符合项处置程序》

13.6.2 《持续改进控制程序》

13.6.3 《管理评审程序》

13.6.4 《纠正措施程序》

13.6.5 《预防措施程序》

14 纠正措施

14.1 总则

机构应当采取纠正措施,以便确认不符合工作,质量管理体系或者技术运作偏离其规定和程序时实施纠正,以消除不符合的原因,防止不符合的再发生。纠正措施应当与所遇到不符合的影响程度相适应。

14.2 适用范围

适用于质量管理体系及检测和服务工作的全过程。

14.3 管理职责

本要素由质量负责人控制,质量部负责监督验证,相关部门配合工作。

14.4 管理要求

14.4.1 评审不符合项(包括抱怨与投诉)。

14.4.2 确定不符合的根本原因。

14.4.3 评价确保不符合不再发生的纠正措施的要求。

14.4.4 确定和实施所需的纠正措施。

14.4.5 记录所采取措施的结果。

14.4.6 评审所采取的纠正措施，对纠正措施的结果进行监控和验证，以确保所采取的纠正措施是否有效。

注：当对不符合的鉴别导致对检测机构符合本要求或法律、法规、技术规范要求产生怀疑时，为确保纠正措施的有效性、必要性，对相关活动区域进行附加内部审核。

14.5 支持文件

《纠正措施程序》

15 预防措施

15.1 总则

检测机构应当确定和采取预防措施，以消除潜在不符合的原因，防止不符合再发生，预防措施应当与潜在问题的影响程度相适应。

15.2 适用范围

适用于质量体系及检测和服务的全过程。

15.3 管理职责

本要素由质量负责人负责控制，质量部负责监督验证，相关部门配合工作。

15.4 管理要求

15.4.1 确定潜在不符合及其原因和所需的改进。

15.4.2 评价防止不符合发生的预防措施的要求。

15.4.3 确定和实施所需的预防措施，以减少类似不符合情况发生的可能性。

15.4.4 记录所采取措施的结果。

15.4.5 评审所采取的预防措施，以确保其有效性。

15.5 支持文件

《预防措施程序》

16 持续改进

16.1 总则

质量管理体系在运行中会出现某些不足而影响质量体系的正常、有效运行，或在质量体系的某些过程达不到质量体系的规定要求，或客户抱怨和投诉，以及在内部审核、外部审核、管理评审中出现某些不符合项，这时可采取纠正和预防措施，这就给持续改进提供了机会。

16.2 适用范围

适用于质量管理体系运行的全过程。

16.3 管理职责

16.3.1 最高管理者负责管理体系的分析和持续改进有效性控制。

16.3.2 质量负责人和质量部负责质量管理体系持续改进措施的实施，验证其有效性。

16.4 管理要求

16.4.1 持续改进的策划和管理：

（1）机构要达到持续改进的目的，就必须不断提高质量管理的有效性，在实现质量方针和质量目标以及管理承诺的活动过程中，持续追求对质量管理体系各过程的改进。

（2）对涉及现在过程和服务的改进及资源要求变化应全面考虑：

1）质量方针、质量目标和管理承诺的实现程序；

2）内部或外部审核结果；

3）数据分析的结果；

4）纠正和预防措施的实效；

5）管理评审的有效性；

6）质量管理体系的有效性。

16.4.2 资源配置合理性、适宜性、满足性是持续改进的保障。

16.5 支持文件

《持续改进控制程序》

17 记录控制

17.1 概述

对质量记录和技术记录的编制、填写、更改、识别、收集、索引、存档、维护和清理等进行控制和管理，为证明满足质量要求的程度或为管理体系运行的有效性提供客观证据，并能复现检测过程。

17.2 职责

17.2.1 质量负责人负责质量记录格式的批准；

17.2.2 技术负责人负责技术记录格式的批准；

17.2.3 综合办公室负责质量记录的管理、技术记录格式的备案；

17.2.4 检测室负责本部门记录的管理。

17.3 要求

17.3.1 记录的分类

（1）记录（包括档案）一般分为质量管理体系运行中形成的质量记录和检测技术运作形成的技术记录两类。

（2）质量记录和技术记录具体包括的内容见《记录控制程序》。

17.3.2 记录的编制

（1）所有记录格式的编制、审定按《文件控制程序》和《记录控制程序》的有关规定执行。

（2）所有的记录应清晰明了，打印或用水性笔填写，具体按《记录控制程序》的有关规定执行。

（3）所有记录应包含足够的信息，检测的观察结果、数据应在工作时予以记录，以便识别不确定度的影响因素和复现检测过程。

17.3.3 记录的修改

（1）管理性的质量记录，包括文字描述的计划、报告等的修改可按公文校对方式进行。

（2）对有原始观测数据及其处理的技术记录，出现错误时，应按规定的方式进行划改，具体按《记录控制程序》的有关规定执行。

17.3.4 记录的保存

（1）记录保存在具有防止损坏、变质、丢失的环境中并存取方便，记录的保存方法、保存期限的规定见《记录控制程序》。

（2）存储在电子媒体的记录按《数据保护和计算机使用程序》进行控制。

（3）所有记录应按《客户机密信息和所有权保护程序》的有关规定进行安全保护和保密。

17.4 支持文件

17.4.1 《记录控制程序》

17.4.2 《文件控制程序》

17.4.3 《数据保护和计算机使用程序》

17.4.4 《客户机密信息和所有权保护程序》

18 内部审核

18.1 概述

为验证管理体系的符合性和有效性，检查各项管理和技术活动是否符合管理体系文件的要求，每年必须对管理体系涉及的所有部门和所有要素进行审核，以促进管理体系规范、有序地运行和持续改进。

18.2 职责

18.2.1 最高管理者负责批准年度审核计划；

18.2.2 质量负责人全面负责内部审核工作，包括制定年度内部审核计划，委派内审员，批准内部审核实施计划、纠正措施及内审报告；

18.2.3 受委派的内审员负责编制内部审核检查表，实施内部审核，编写不符合项报告，并对纠正措施进行跟踪和验证；

18.2.4 各部门负责人负责纠正措施的制定和组织实施；

18.2.5 综合办公室协助内审的组织，负责内审记录的保管。

18.3 要求

18.3.1 内审计划

（1）质量负责人应编制年度内审计划，并由最高管理者批准。内审每年至少一次，并要求覆盖管理体系的所有要求和部门，另外出现特殊情况时应及时组织附加内部审核。

（2）每次内审可根据需要覆盖管理体系的全部要素和部门，也可以专门针对某几项要素或部门进行重点审核。

（3）质量负责人委派具有内审员资格的人员或经过培训的人员承担审核工作，必要时可邀请机构以外的评审专家参加审核活动，并明确内审组长。审核人员应独立于被审核的工作。

（4）内审组长应根据要求编制内部审核实施计划表，报质量负责人审批。

18.3.2 内审实施

（1）内审组长按照《内部审核程序》主持内审工作的实施。

（2）内审组应分析所有的观察结果，确定不符合项。不符合项的处理和验证按《纠正措施和预防措施程序》执行。

（3）内审结束后，内审组长根据审核结果对管理体系运行情况和存在的主要问题编制内部审核报告，交质量负责人审批，并提交管理评审。

18.4　支持文件

18.4.1　《内部审核程序》

18.4.2　《纠正措施程序》

18.4.3　《预防措施程序》

19　管理评审

19.1　概述

为了衡量管理体系是否符合实际状况，评价管理体系对管理工作是否真正有效，是否能够保证质量方针和质量目标的实现，确保管理体系的适宜性、充分性和有效性，并持续改进。每年至少应对本公司管理体系进行一次管理评审。

19.2　职责

19.2.1　最高管理者负责批准管理评审计划，主持管理评审及批准管理评审报告。

19.2.2　质量负责人负责编制管理评审计划、管理评审报告和改进措施要求表，并组织改进措施的实施。

19.2.3　技术负责人参加评审，实施相关改进措施。

19.2.4　综合办公室负责评审活动的具体工作，保存有关记录。

19.2.5　管理人员应当事先对工作状况进行分析并提出报告或建议。

19.3　要求

19.3.1　评审方式

（1）管理评审活动每年至少组织一次，在特殊情况下，可根据实际情况增加评审的次数。

（2）质量负责人依据《管理评审程序》编制管理评审计划，由最高管理者批准实施。

（3）管理评审采取召开评审会议的方式进行。进行全面评审时采用集中式评审，对具体状况评审时采用专题式评审。

19.3.2　评审内容和改进

（1）管理评审应考虑的因素：

1）政策和程序的适应性；

2）管理和监督人员的报告；

3）近期内部审核的结果；

4）日常工作中对不符合项采取纠正措施和预防措施实施效果；

5）外部机构（评审机构和单位主管部门）对机构的要求；

6）与检测机构之间比对和能力验证的结果；

7）工作量和工作类型变化对设施和资源的要求能否适应；
8）申诉和投诉及客户的反馈；
9）各部门对管理体系提出的改进建议；
10）内部质量控制活动的情况和结果分析；
11）资源以及人员的培训情况是否适应所开展的业务。
（2）管理评审活动结束后由质量负责人依据会议记录形成管理评审报告和改进措施，各部门及有关人员应当启动有关工作的程序组织实施。

19.4 支持文件
19.4.1 《管理评审程序》
19.4.2 《质量控制程序》

20 检验检测方法的确认

检测机构对所使用与检测/校准有关的标准、技术规范、手册、作业文件等应实施受控管理，并通过有效、可靠的渠道，对在用的标准、技术规范和检验方法进行不断的跟踪，定期进行清理以确保使用标准是最新有效版本并编制《检验检测方法的选择和确认程序》。

20.1 为避免由于检测作业给检测工作造成的质量风险，将使用标准的风险控制在最低限度，技术负责人应根据检测标准组织编写必要的作业指导书，并对作业指导书的有效性给予维护。对检验检测方法偏离，须在该偏离已有文件规定、经技术判断、经批准和客户接受情况下才允许发生。

20.2 检测机构应优先使用国家标准发布的方法，其次为国际、区域发布的方法并确保使用标准为最新有效版本，除非该版本不适宜或不可能使用，或由知名技术组织或有关科学书籍和期刊公布的。必要时，应采用附加细则对标准加以补充，以确保应用的一致性。总的原则为应采用满足客户需求，并满足检验检测要求的方法，包括抽样方法。

20.3 检测机构制定的检验检测标准方法应有计划性，由技术负责人提出或更新。

20.4 检测机构对方法确认的过程、确认的结果、该方法是否适合预期用途的结论都应有相应记录。

20.5 支持性文件
《检验检测方法的选择和确认程序》

21 数据控制

检测机构应制定并实施数据保护和计算机使用程序，规范检测活动中计算和数据转换，并对其进行适当的系统性检查。对有疑问的数据应安排必要的验证。当利用计算机或自动设备对检测数据进行采集、处理、记录、报告、存储或检索时，按《数据保护控制程序》的要求对出具的数据进行质量控制。

21.1 应对数据的计算和传递进行系统和适当的检查。

21.2 当使用计算机或自动设备对检测数据进行采集、处理、记录、报告、存储或检索时，应确保的事项：

21.2.1 使用者自行开发的计算机软件应制定成详细的文件，并对其适用性进行适当的验证；

21.2.2 应确保数据的输入或采集、存储、传输和处理的完整性和保密性；

21.2.3 维护计算机和自动设备以确保其功能正常，并提供保护检测数据完整性所必需的环境和运行条件；

21.2.4 程序执行《数据保护控制程序》。

22 抽样

22.1 总则

抽样是检测过程中重要一环，它将直接影响检测结果。为此必须制定抽样计划和程序并对抽样过程进行有效控制。

22.2 职责

22.2.1 综合办公室负责抽样的组织和协调工作；

22.2.2 检测室负责确定抽样计划和程序，实施抽样工作。

22.3 要求

22.3.1 为检测的需要进行样品抽取时，必须执行《抽样管理程序》。

22.3.2 对需派员抽样的各类检测工作，综合办公室应将抽样任务下达至检测室。

22.3.3 至少有两个抽样人员，抽样人员必须具有足够技术水平，能坚持公正立场，严格执行已确定的抽样计划、方案和程序，并遵守《保密和保护所有权的管理程序》的规定。

22.3.4 抽样前，抽样人员要根据检测依据规定的抽样方法等要求制定抽样计划和实施方案。抽样计划和实施方案应根据适当的统计方法制定，一般遵从随机抽取的原则。抽样计划和方案应能保证在抽样地点可以获得。

22.3.5 抽样人员严格按抽样方案进行抽样，应注意需要控制的因素，如抽样地点、抽样样本代表性、抽样时环境条件等，并以确保抽样样品不被调换为原则来完成样品的封样工作。

22.3.6 抽样人员必须认真填写抽样单，不可缺项。抽样单各栏目的内容能详细、真实地反映整个样品抽取过程的有关操作及样品的真实性。

22.3.7 当客户对文件规定的抽样管理程序有偏离、添加或删节要求时，抽样人员应立即报告综合办公室，得到批准后将情况详细地记录在抽样单上。该情况应在出具的检测报告中予以说明，并通知相关人员。

22.3.8 当抽样作为检测工作的一部分时，应按《抽样管理程序》记录与抽样有关的数据和操作。这些记录包括的要点：

（1）所用的抽样管理程序；

（2）抽样人的识别；

（3）环境条件（必要时）；

（4）抽样地点的图示或其他等效方法等。

22.3.9 当不直接负责抽样或不能保证从批量中抽取的样品具有足够充分的代表性时，可在检测报告中加以说明。

22.4 支持性文件

22.4.1 《抽样管理程序》

22.4.2 《保密和保护所有权的管理程序》

23 样品管理

23.1 总则

样品是检测工作的主要对象，样品状态和特性的变化将给检测结果的有效性和准确性带来直接的影响。对样品进行有效管理，是确保检测结果准确、可靠的必要前提。

23.2 职责

23.2.1 样品管理员负责样品的接收、标识、留样处置和样品室的管理工作；

23.2.2 检测室负责样品有效性的确认和保护、检测过程中样品状态的标识。

23.3 样品的确认

23.3.1 检测室负责样品有效性及其附件（包括相关技术资料）完整性的确认，并记录样品的相关信息。

23.3.2 检测室负责样品的唯一性标识。样品唯一性标识由样品唯一性编号和样品检验状态组成。

23.3.3 检测室应对样品的状态进行记录并确认。

23.3.4 如果对样品是否适用于检验有任何疑问，或者样品与提供的说明不符，或者对要求的检验规定得不完全，检测室应通过综合办公室在检测工作开始之前询问委托方，并要求进一步予以说明，相关的过程应在检验原始记录中记好。

23.3.5 检测人员在完成上述确认后方能开始检测工作。

23.3.6 检测过程中，应注意采取保护样品完整性和保密性的措施。

23.4 样品的流转

23.4.1 检测室对照任务单再次对样品的数量、状态、规格型号、试验检测项目及要求进行检查，确认后在任务单上签字，任何异常情况都应在试验检测前得到解决，领取样品的同时把任务单发到试验检测岗位；

23.4.2 检测人员按试验检测标准进行样品制备和试验检测，负责"在检状态"下样品的保管，避免非试验检测性损坏并防止丢失。

23.5 检测样品的防护、存贮

23.5.1 应遵循检测样品的特性（如随样品提供的任何有关说明的要求）配备适当的环境条件和设施对样品进行防护，必要时，应对环境条件加以维持、监控和记录。

23.5.2 与样品相关的人员应严格遵守样品使用说明书和作业指导书中有关安全防护的规定，防止样品出现不正常损坏。若发生上述情况，有关人员应立即向质量负责人报告，如实记录产生的过程和描述异常情况；质量负责人应就实际情况做出相应的处理，必要时，应向委托方说明情况，并承担由此造成的委托方损失，执行《检测有差异或发生偏离时的反馈和纠正程序》。

23.5.3 对保护样品完整性和保密性的措施，应特别注意。

23.6 支持性文件

23.6.1 《样品的流转和处置管理程序》

23.6.2 《保密和保护所有权程序》

23.6.3 《检测有差异或发生偏离时的反馈和纠正程序》

24 质量控制

24.1 概述

质量控制是为达到质量要求所采取的作业技术和活动，目的在于监控检测结果包括检测过程，并排除导致不合格、不满意的原因，确保取得准确、可靠的数据和结果。

24.2 职责

24.2.1 技术负责人负责对检测过程技术校核方案的制定，制定质量控制结果是否可接受的判断依据。

24.2.2 检测室主任负责在检测过程中按照程序实施方案，在被判断为不可接受的质量控制结果时，查找原因并采取纠正措施。

24.2.3 质量负责人对检测质量控制结果进行符合要求、可以接受或不符合要求、不可接受的判定并制定有计划的纠正措施。

24.2.4 质量监督员负责对检测过程中的各个环节实时监控，特殊情况时有权中止检测活动。

24.3 要求

24.3.1 内部质量控制的方法

（1）日常检测工作中，应通过检查本工序的工作状态及下一道工序检查上一道工序的检测结果的方法，实施检测工作全过程的质量控制。

（2）除按质量体系内部审核计划由质量负责人负责定期组织质量体系审核外，还应由质量负责人、质量监督员进行不定期的抽查。

（3）技术负责人还应按《质量控制程序》通过以下方法组织实施内部质量控制或技术校核：

1）参加外部有关机构的能力验证活动；

2）开展检测机构内或检测机构间的仪器比对、人员比对、方法比对；

3）使用相同或不同的方法进行重复检测；

4）对同一被测的不同项目检测结果的相关性进行分析。

（4）在标准更新、人员交替、设备变化和检测质量波动时，重点安排技术校核工作。

（5）技术负责人组织检测室对检测项目或参数进行分析研究，分别针对有关项目或参数制定校核方案，包括质量控制或技术校核试验结果是否可接受的判断依据。

24.3.2 内部质量控制的结果

（1）对检测过程中发现的问题，发现者有权终止并采取相应措施。具体按《不符合项处置程序》执行。

（2）对审核、抽查中发现的问题，质量负责人应会同技术负责人及时分析原因，研究、采取纠正措施，并跟踪措施的执行情况，直至问题得到解决。

（3）技术负责人应对质量控制的结果进行评审，必要时可使用统计技术。如有疑义，应找出不合格的原因，采取相应纠正或预防措施，并将结果上报最高管理者或管理评审会。

24.4 支持文件
24.4.1 《质量控制程序》
24.4.2 《实验室比对和能力验证管理程序》
24.4.3 《不符合项处置程序》
24.4.4 《纠正措施程序》
24.4.5 《预防措施程序》

25 能力验证

检测机构应不断提高检验检测人员的技术水平，在培训考核的基础上，寻求能力验证，组织实验室内部专业人员和实验室外部人员之间进行比对试验，从而验证人员的检测能力和水平，并建立《实验室比对和能力验证程序》，每年定时参加能力验证或者检验检测机构间比对，以保证持续符合资质认定条件和要求。

26 检验检测报告

26.1 概述
检测报告是检测机构的最终产品。检测机构应准确、清晰、明确、客观地出具检测报告，并按评审准则的要求完整地表述相关信息。对检测报告的编制、审核、批准、发放、更改、保密等环节进行有效控制，以做到数据准确，结论科学，满足客户的要求。

26.2 职责
26.2.1 检测室负责检测报告的出具和评审；
26.2.2 技术负责人（授权签字人）负责报告的批准；
26.2.3 质量负责人负责检测报告质量状况的抽查；
26.2.4 综合办公室负责检测报告的校核、评价、盖章和发放。

26.3 要求
26.3.1 报告的要求
（1）根据客户要求对完成的每一个检测委托，准确、清晰、明确、客观、及时地出具检测报告。
（2）检测报告应使用法定计量单位。

26.3.2 报告的内容
（1）报告的格式、内容应满足客户或检测方法中规定的要求并提供足够的信息。具体按《结果报告管理程序》执行。
（2）当需要对检测结果做出说明时，检测报告还需给出必要的附加信息。

26.3.3 报告的编发
（1）检测室主任或指定的检测人员对检测报告进行审核，无误后签字，如有疑义，可要求复检。
（2）授权签字人批准审核后的检测报告，如有疑义，可要求复检。
（3）客户办理结算手续后，综合办公室将校核、评价无误并加盖了"检测专用章"的检测报告发给客户一份，另一份与检测原始记录等一并由综合办公室存档。

（4）当客户要求使用电子/电磁方式传递检测结果时，应有客户要求的记录，并应经确认接收方真实身份后方可传送结果，以确保传送数据的安全性、有效性和完整性。

26.3.4 报告的更改

对已签发并交给客户的检测报告，其更改则采取出具补充或修改内容的检测报告的形式，不需重新编号，而只需在原报告编号前加相应的字母"B"（补充）或"G"（更改）。

26.4 支持文件

26.4.1 《检测工作程序》

26.4.2 《客户机密信息和所有权保护程序》

26.4.3 《结果报告管理程序》

27 检验检测结果的解释

当客户需要对检测结果做出说明，或者检测过程中已经出现的某种情况需在报告中说明或对其结果需要做出说明时，实验室应对结果报告给出必要的附加信息，以便对检测检验的结果进行进一步的解释。

28 抽样检验检测结果的解释

当需对检测结果做出解释时，对含抽样结果在内的检测报告，还应包括下列内容：

28.1 抽样日期。

28.2 抽取的物质、材料或产品的清晰标识（适当时，包括制造者的名称、标示的型号或类型和相应的列号）。

28.3 抽样位置，包括简图、草图或照片。

28.4 所用的抽样计划和程序。

28.5 抽样过程中可能影响检验检测结果的环境条件的详细信息。

28.6 与抽样方法或程序有关的标准或规范，以及对这些标准或规范的偏离、增加或删减。

29 检测报告的意见和解释

29.1 当需要对检测报告做出意见和解释时，应将意见和解释的依据形成文件。意见和解释应在检测报告中清晰标注。

29.2 意见和解释可包括（但不限于）下列内容：

29.2.1 对检测结果符合（或不符合）要求的意见；

29.2.2 履行合同的情况；

29.2.3 如何使用结果的建议；

29.2.4 改进建议。

30 分包的检验结果标识

当检验检测报告包含由分包方所出具的检测结果时，这些结果应予以清晰标明。分包方应以书面或与书面等效的电子方式报告结果。

31 检验结果的发布

31.1 概述

对检测报告的各个环节实施有效的控制和管理,确保准确、清晰、明确、客观地报告结果,维护客户的正当权益。

31.2 范围

所出具的所有检测/校准结果的报告。

31.3 职责

相关部门和人员的职责详见职责权限规定。

31.4 控制要点

建立并实施《检验检测结果发布程序》,确保准确、清晰、明确、客观地报告结果,维护客户的正当权益。

31.4.1 检测报告的基本要求

(1) 检测依据正确,符合相关技术规范或标准要求;

(2) 报告结果及时,按规定时限向客户提交结果报告;

(3) 结果表述准确、清晰、明确、客观、真实,易于理解;

(4) 使用法定计量单位。

31.4.2 检测报告包含(客户提供的信息、说明检测结果的信息、所用方法要求的信息)。其内容如下:

(1) 标题。

(2) 标注资质认定标志,加盖检测专用章(适用时),总页数超过 2 页的应加盖骑缝章(检测专用章)。

(3) 机构的名称和地址,检测地点(如果与检测机构的地址不同)。

(4) 检测报告或证书的唯一性标识(如系列号)和每一页上的标识,以及报告结束的清晰标识以确保能够识别该页是否属于检测报告的一部分,以及标明检测报告或证书结束的清晰标识。检测报告或证书的硬拷贝应当有页码和总页数。

(5) 客户的名称和地址(必要时)。

(6) 所用检测方法的识别。

(7) 检测样品的描述、状态和明确的标识。

(8) 对检测结果的有效性和应用有重大影响时,注明样品的接收日期和进行检测的日期。

(9) 对检测结果的有效性或应用有影响时,提供抽样计划和程序的说明。

(10) 检测报告或证书批准人的姓名、签字或等效的标识。

(11) 未经技术负责人书面批准,不得复制检测报告或证书(全文复制除外)的声明。

(12) 检测结果的测量单位(适用时)。

(13) 接受委托送检的,其检测数据、结果仅证明样品检测项目的符合性情况。

31.4.3 检测报告或证书的复核、签发检测报告或证书采用先复核再签发的方法,规范管理。由不同的人员进行复核、签发。使用电子签名批准检测报告时,应由授权人员按照程序执行。

31.4.4 检测报告的检测结论：检测结论不应使用容易引发争议的用语。如果检测项目及结果不能覆盖依据标准的全部指标，检测结论应明确说明哪些指标未做检测。具体分类说明如下：

委托检测是按有关委托任务确定的检测依据进行符合性表述。无论所检项目多少，只要有明确的判定指标规定，均应在检验结论中对其符合与不符合情况予以说明。只提供检测依据而无判定依据的委托检测，结论为"不做结论"。若委托检测是由客户送样，仅对来样负责。若是本公司实施的抽样检测，则应对所抽的批次负责。

（1）由客户送样检测的结论有如下几种：

1）按标准规定全项检测均符合者，可用：该送检样（产）品经检验，符合×××标准的规定，判定为合格。

2）按标准规定全项检测，有部分指标不符合者，可用：该送检样（产）品经检验，不符合×××标准的规定，判定为不合格。

3）按标准规定仅对部分项目检验，全部符合者，可用：该送检样（产）品经检验，所检项目符合×××标准的规定。

4）按标准规定仅对部分项目检验，有不符合项者，可用：该送检样（产）品经检验，所检项目中×××、×××不符合×××标准的规定。

（2）实施抽检的检测结论表述，则将上述开头改为："该批（次）产品……"。

（3）即使客户有要求，也不得拆分检测报告。

（4）如果检测样品由客户提供，应在检测报告中明确"客户送样"或有同类描述。对客户提供的样品来源信息，原则上不应写入检测报告中。如果应客户要求写入检测报告，必须以醒目的方式注明，并同时声明此信息为客户提供，机构不负责其真实性。

32 检验检测报告的更正

对已发出检测报告或证书如有更正或增补，按发放追加文件（对×××报告"报告号或其他标识"的补充）或其他等效的方式实施；若有必要更换报告，应收回原报告，重新发放新报告，且标有唯一性标识，并注明所替代的原报告。原报告收回后加以标识，归档保存。若原检测报告或证书不能收回，应在发出新的更正或增补后的检测报告或证书的同时声明原检测报告或证书（标明唯一性标识）作废。

33 检验检测报告的档案保存期限

33.1 检测原始记录、报告、证书等由综合办公室统一归档留存，确保检测原始记录与报告或证书结果一一对应，档案材料完整，保存期限 6 年以上。

33.2 支持性文件

33.2.1 《检验检测结果发布程序》

33.2.2 《档案管理程序》

34 风险评估控制

34.1 目的

为了能够在检测工作中持续进行风险识别、风险评估和实施必要的控制措施。

34.2　适用范围

适用于检测工作中所涉及的风险评估和风险控制领域。

34.3　职责

34.3.1　各岗位人员负责识别在监测工作中可能存在的各类风险以及风险预防和控制措施的实施。

34.3.2　检测部部长负责组织识别出风险的分析。

34.3.3　质量负责人负责风险的评估和采取何种预防和控制措施，并对措施实施的结果跟踪验证。

34.3.4　各部门负责人负责风险的监控。

34.4　风险的识别

在整个检测过程中可能存在以下风险：

（1）检测前的风险：合同评审、样品、信息保密、客户沟通等风险。

（2）检测中的风险：人员技能或资质、仪器设备校准或检查、试剂耗材失效或无证、检测方法安全（生物、化学、辐射安全等）。

（3）检测后的风险：样品存储和处理、数据结果更改或伪造、报告、信息安全和保密各岗位人员，有责任和义务发现和识别整个体系运行过程中可能存在的风险，并告知检测部。

34.5　风险的分析

34.5.1　质量负责人组织相关部门人员对可能存在的风险进行分析。

34.5.2　如果风险发生，可能造成的影响：检测数据的错误、检测报告不准确或不规范、危害人身健康或安全、影响环境。

34.6　风险评估

质量负责人根据风险分析的情况组织相关人员进行风险评估，风险评估的内容包括：

（1）确定评估小组成员；

（2）评估目的；

（3）评估范围；

（4）评估原则；

（5）评估的识别和分析过程；

（6）风险发生后采取的预防措施；

（7）在不可控时采取的补救和控制措施。

34.7　防范措施的批准和实施

（1）最高管理者批准风险评估报告；

（2）报告中涉及的相关人员实施预防措施以防止同类风险再次发生；

（3）检测部负责人组织对补救和控制措施进行演练。

34.8　风险控制验证

质量负责人负责对补救和控制措施实施结果进行验证。

34.9　支持性文件

《风险评估和控制程序》

35　特殊要求

35.1　检测机构有下列情形之一时，应遵守《检验检测机构资质认定评审准则》的规定，准时向原资质认定部门申请办理变更手续：

（1）机构名称、地址、法人性质发生变更的；
（2）法定代表人、最高管理者、技术负责人、检测报告授权签字人发生变更的；
（3）资质认定检测项目取消的；
（4）检验检测标准或检验检测方法发生变更的；
（5）依法需要办理变更的其他事项。

35.2　针对建筑工程、建筑材料检测行业和该领域的特殊性，如国家有新的评审补充要求颁布，检测机构建立的管理体系还要符合新的评审补充要求。管理体系应持续符合有关法律法规或者标准、技术规范规定的特殊要求。

第二部分 程序文件

程序文件的管理

1 目的

1.1 保障质量方针和质量目标的实现；
1.2 指导管理和技术工作的开展；
1.3 提供实施管理体系审核和评审的依据。

2 职责

2.1 程序文件（包括修订本）由最高管理者批准和发布实施，并负责解释。
2.2 程序文件由最高管理者授权质量负责人组织编写、会审，并负责保持其有效性。
2.3 程序文件（包括修订本）由综合办公室统一编号、登记、发放和回收。

3 程序文件的说明

3.1 主题内容
程序文件是指导体系活动有效开展的支持性文件。
3.2 适用范围
程序文件适用于检测机构开展检测业务范围内的所有检测项目及与检测质量有关的所有管理工作和技术工作。
3.3 编制依据
《检验检测机构资质认定评审准则》、质量手册及相关法律法规。
3.4 参考依据
3.4.1 国家有关法律、法规和部门或行业规章、规范（计量法、标准化法等）；
3.4.2 《检验检测机构资质认定管理办法》；
3.4.3 国家、行业的其他需要遵守和后续发布的标准、规范、规则、指南。

4 程序文件的版本

4.1 程序文件均为受控版本。
4.2 受控版本有统一编号并由综合办公室登记发放，内容有更改时，应及时用修订页换回受控版本持有者手中的被修订页，以保证程序文件的有效性。

5 程序文件的发放与回收

5.1 程序文件由综合办公室统一发放，最高管理者、管理层、内审员必须持有，其他发放范围由质量负责人确定。

5.2 程序文件换版后，持有受控版本者应以旧版本换取新版本。

6 程序文件的修订和改版

6.1 下述情况下，一般需对程序文件进行修订和改版。

6.1.1 国家相关的法律、法规和规章发生调整，机构体系规定与之不符时；

6.1.2 机构组织架构、人员发生较大调整时；

6.1.3 现行程序文件规定不适宜，经管理评审决定需修改或换版时；

6.1.4 体系的实施依据发生变更时应进行改版。

6.2 一般在每年管理评审后召集有关人员讨论并提出修订意见。评审人员如认为程序文件的某些内容需要修改或补充，应以书面形式向质量负责人提出建议和意见。

6.3 质量负责人负责组织人员起草修订稿并报最高管理者审批。

6.4 修订稿经批准和签发后，统一打印修改页并为全部受控本持有者更换有关部分，旧页次回收并注销。

7 程序文件持有者责任

7.1 程序文件持有者应认真学习程序文件的内容和条款，并严格遵守各项规定，有义务在自己的工作范畴认真执行。

7.2 任何个人无权擅自修改或增删程序文件内容和条款。

7.3 程序文件是受控文件，持有者应妥善保管。

7.4 未经最高管理者批准，程序文件不得私自外借或进行复印。

7.5 若程序文件遗失，持有者应立即向质量负责人写出书面报告。

7.6 程序文件持有者调离机构时应办理收回手续，由文件管理员负责收回并由最高管理者在调离手续表中签字。

8 程序文件宣贯

程序文件修订或改版，机构内各部门负责人（或持有者）应认真学习，并做好宣传工作，使机构人员对程序文件熟悉和正确执行。

人员管理程序

1 目的

规定人员管理流程，做好人员管理工作，保障各项工作开展的有效性。

2 适用范围

适用于进入机构场所的所有内外部人员活动管理的控制。

3 职责

3.1 具有与其从事检验检测活动相适应的检验检测技术人员和管理人员。检验检测机构及其人员应独立于其出具的检测数据、结果所涉及的利益相关各方，不受任何可能干扰其技术判断因素的影响，确保检验检测数据、结果真实、客观、准确。

3.2 检验检测机构及人员从事检验检测活动应该诚信守法。应做到："三不得"＋保证，五公开。

"三不得"具体为：

（1）不得以检验检测活动、数据和结果谋取不当利益；

（2）不得参与任何对检验检测的结果和数据的判断产生不良影响的商业或技术活动；

（3）不得从事与检验检测利益相竞争的产品的设计、研制、生产、供应、安装、使用或维护的活动，保证诚实守信地开展检验检测活动。

保证：工作的独立性和数据、结果的正确、可靠。

五公开：声明资质、认定能力、办事程序、收费标准、公证检验行为规范。

4 人员

4.1 人员组成

4.1.1 按职能角度分为管理、执行、验证/核查人员：

（1）管理人员：所有对质量、技术负有管理职责的人员，包括最高管理者、质量负责人、技术负责人、部门主管及各管理岗位人员。

（2）执行人员：具有从事技术检测/校准的人员，也包括间接从事技术工作的人员。

（3）验证/核查人员：对检测/校准活动及结果进行复核的人员。

4.1.2 从技术角度分为行政管理、专业技术、关键支持、辅助人员。

4.1.3 按身份性质分为正式、合同、临时、聘用、借用人员。使用正式聘用或劳动合同制的人员，应明确其相关职责和权限。

4.2 检验检测技术人员和管理人员要求

4.2.1 管理人员应当是最好的技术人员；

4.2.2 技术人员的综合素质应满足检验工作的客观、公正性要求；

4.2.3 数量上至少满足每个产品/参数有两个及以上的专业检测人员，工作量不能超过人的正常负荷；

4.2.4 人员岗位稳定，临时聘用人员不得在关键的技术和管理岗位，关键人员不得出现临时借用的情况；

4.2.5 关键岗位和特种岗位人员应满足资格要求；

4.2.6 证明材料包括人员名册、上岗证书、任命文件、三保证明、劳动合同、工资表、人员技术档案，尤其是关键岗位如技术负责人、质量负责人、监督员、内审员、特种检验要求及检验员的资格和能力证明。

4.3 关键岗位人员职责

4.3.1 最高管理者

（1）贯彻执行党和国家有关方针政策、遵纪守法、主持机构各项工作；

（2）负责建立机构管理体系，制定质量方针、质量目标，批准发布质量手册和程序文件；

(3) 确定组织结构、岗位职责分工、权力委派、决定机构各类人员的聘用；
(4) 批准新建项目、改造项目及仪器设备购置计划，保持和发展检测能力；
(5) 批准或授权批准检测合同；
(6) 建立机构内部沟通机制，及时将客户和法定要求传达到所有员工；
(7) 建立自我完善管理体系的机制，主持管理评审；
(8) 承担检测活动中的民事法律责任；
(9) 具有机构的最高决策权和否决权。

4.3.2　技术负责人
(1) 全面负责检测机构的技术运作；
(2) 负责确保技术运作质量所需资源，测量设备的正确配备和测量设备申购、停用、报废的技术审核；
(3) 组织技术类程序文件的编写和宣贯，并维护其有效性；
(4) 负责检测机构技术能力的确认和新增检测项目的可行性分析和技术审核；
(5) 负责检测工作所需环境仪器设备和外部服务供应的控制和设施配置的技术审核控制；
(6) 负责检测方法的选择和确认，组织制定、审批作业指导书；
(7) 负责检测工作细则等作业指导书的批准；
(8) 负责测量设备周检计划批准；
(9) 负责非标准方法的审批；
(10) 负责对检测过程中技术问题允许例外偏离的批准；
(11) 负责解决公司日常检测工作中的各类技术问题；
(12) 组织重大合同的评审和管理分包工作；
(13) 组织技术性不符合工作的处理并实施相应的纠正或预防措施；
(14) 制定员工技术培训计划，并组织实施；
(15) 负责测量溯源性的控制；
(16) 组织编制和批准抽样计划；
(17) 负责检测物品的控制；
(18) 负责技术记录的规范与管理；
(19) 落实检测质量的保证措施，组织评定测量不确定度、能力验证和比对；
(20) 组织制定检测记录报告格式；
(21) 负责机构检测报告型式设计；
(22) 负责组织开展技术校核工作及编制实验室间比对（能力验证）结果评价报告；
(23) 最高管理者交办的其他事项。

4.3.3　质量负责人
(1) 全面负责机构质量管理工作；
(2) 负责组织建立质量体系并保持其有效运行；
(3) 负责组织质量手册和质量管理类程序文件的编制、修订和宣贯，并维护其有效性；
(4) 负责主持质量体系内部审核和组织管理评审，有权直接向最高管理者报告管理体系运行存在的问题；
　　（5）负责新开展项目的评审，各项计量认证/认可的准备工作；
　　（6）负责实验室间比对（能力验证）的组织实施；
　　（7）负责指导和组织质量监督活动的开展；
　　（8）负责管理体系文件的管理；
　　（9）组织实施质量活动的记录和归档；
　　（10）组织管理性不符合工作的处理并实施相应的纠正或预防措施；
　　（11）负责外部服务和供应质量保证的监督；
　　（12）制定服务客户的措施，组织顾客抱怨投诉的处理；
　　（13）负责机构事故的分析调查和编写事故分析报告；
　　（14）负责机构质量活动中允许例外偏离的批准；
　　（15）负责机构检测报告质量、测量设备管理状况和样品管理状况的监督；
　　（16）最高管理者交办的其他事项。

4.3.4　检测人员
（1）执行质量方针、质量目标，按质量体系文件的要求完成检测工作；
（2）负责检测工作、抽样工作安排；
（3）负责实施设备维护、期间核查、能力验证和比对以及为保证检测结果质量的监控工作；
（4）负责组织人员参加实验室间比对（能力验证）工作；
（5）负责仪器设备的使用、维护、保养、标识、修理等环节的管理；
（6）对所用设备在投入使用前进行必要的技术核查；
（7）阻止未经核查或核查不合格的设备投入使用；
（8）负责新开展项目的调研工作；
（9）负责对在检测过程中发生异常现象的处理，对事故提出处理方式及采取相应纠正措施；
（10）对检测过程中的偏离提出纠正意见，审核质量职责范围内允许例外偏离申请；
（11）负责技术校核工作的组织实施，负责组织实施测量设备的运行检查；
（12）配合质量负责人和内审员开展内审工作；
（13）认真校核原始记录数据，确保其和报告的一致性，对报告中的检测数据负责；
（14）拒绝不符合规定的各方干扰，严格执行《保护客户机密信息和所有权程序》，为顾客保密和保护所有权；
（15）做好检测室和综合办公室的日常安全、卫生、清洁工作；
（16）完成上级交办的其他工作。

4.3.5　检测报告审核批准人员
（1）按程序文件中规定的检测报告审核程序和审核内容对报告进行独立的审核；
（2）对报告在审核中发现的问题，有权要求报告编制人进行改正；
（3）按程序文件中规定的检测报告批准程序和批准内容对检测报告进行批准；

（4）对发现问题的检测报告有权告知报告编制人和审核人，使其更正；

（5）独立地进行判断，不受来自各方面的干扰和压力；

（6）在符合要求的检测报告中指定的位置签名。

4.3.6 质量监督员

（1）负责对新上岗人员及关键支持人员（包括被培训人员）开展的活动进行监督；

（2）负责对关键检测活动（如：新项目、新方法的验证开发活动；能力验证活动；比对活动；质量控制活动；投诉复检活动等）过程进行监督；

（3）负责监督记录的填写；

（4）负责监督过程中发现的不符合工作所采取的纠正措施、预防措施的验证工作；

（5）有权力暂停发现的不符合工作。

4.3.7 授权签字人

（1）签发检测报告；

（2）熟悉授权签字范围的检测标准、方法或规程；

（3）掌握授权签字范围的检测项目的限制范围；

（4）对相关的检测结果进行评定，了解测量结果的不确定度；

（5）了解有关设备维护保养规定，掌握其校准状态；

（6）熟悉并掌握记录和报告的核查程序；

（7）了解CMA（检验检测机构资质认定）的认可条件、实验室义务及认可标志使用等规定；

（8）对检测结果有批准权和否决权，对检测报告的完整性和准确性负责。

4.3.8 内审员

（1）在质量负责人的领导下，严格按内部质量审核依据开展内审工作；

（2）编制内审检查表，独立地做出判断，不屈从于无事实依据而要求改变审核结论的压力，忠实于得出的客观结论，履行被赋予的审核职责；

（3）查找管理体系运行中的不符合项；

（4）认真填写审核文件，对提交的审核记录及报告负责；

（5）对审核结果中不符合项的纠正措施进行跟踪检查，对纠正措施进行验证；

（6）有权建议停止有违管理体系文件的活动。

4.3.9 业务受理员

（1）负责接受顾客就检测业务的各种问题的咨询；

（2）负责与顾客就检测方法、检测时限、检测费用以及其他有关检测的问题进行协商并予以确认；

（3）负责指导顾客填写检测委托书；

（4）做好顾客提供资料的符合性审查工作；

（5）应熟悉业务，具有一定的专业技术能力，严格执行程序文件的有关规定做好业务受理、任务下达、退回资料等工作；

（6）做好样品、客户提供技术资料的收集、确认、暂存工作，保证样品的有效性；

（7）负责在检测过程中与任何各方针对检测要求、过程的变更进行沟通和反馈；
（8）负责结果报告的发放工作；
（9）完成部门负责人交办的其他工作。

4.3.10　文件资料管理员
（1）负责建立受控文件目录清单；
（2）负责受控文件及其他管理体系文件资料的登记、发放和借阅；
（3）负责行政文件及检测报告副本、原始记录等文件资料的立卷、归档与保管；
（4）维护资料、文件、档案的有效性和完整性；
（5）负责过期作废文件的跟踪、回收、销毁；
（6）负责人员技术档案、供应商记录等质量活动记录的归档保存工作；
（7）严守档案机密，保护顾客的信息和所有权；
（8）完成上级交办的其他工作。

4.3.11　设备管理员
（1）负责执行与测量设备有关的控制、管理、核查、量值溯源程序。
（2）负责仪器设备管理制度的贯彻执行和监督，组织检查仪器设备使用期间核查、保养和维修情况。
（3）负责仪器设备档案动态管理。
（4）根据仪器设备周检计划组织实施仪器设备量值溯源工作，确保仪器设备性能完好。
（5）负责检测仪器设备状态标识管理。
（6）协助有关部门编报仪器设备购置、更新申请计划，经批准后负责协助新购仪器的调研、选型、订购、验收、调试工作，保证新购仪器设备的质量。
（7）对需要维修、报废的仪器设备，列出清单，阐明理由，经批准后组织实施。凡需报废的，应按有关规定办理审批手续。
（8）负责设备管理工作的协调、备案、收集整理、核查工作。

4.4　程序

4.4.1　人员招聘
（1）综合办公室应对机构的所有岗位建立入职要求。
（2）在年度管理评审或日常的内部沟通活动中，人员需求部门提出人力资源的引入要求。
（3）综合办公室根据需求及岗位职责要求通过招聘或内部升迁等方式引入满足需求的人员。
（4）最高管理者负责为人力资源保障工作提供必要的资源和招聘或内部升迁方式的批准。

4.4.2　人员能力甄别
（1）引进人员应填写人员基本情况登记表，并将有关的教育、经历及相关技术能力的可证明的材料提交给综合办公室，由需求部门、质量负责人、技术负责人共同甄别和筛选符合要求的人员。
（2）需求部门和综合办公室应将从事岗位的要求和入职的主要工作、风险危害、权利和义务充分告知拟入职人员。

(3) 最高管理者或其授权管理人事工作的人员，负责批准符合要求的拟入职人员的入职工作。

(4) 所有经过批准的拟入职人员在入职前，必须根据不同特点通过以下（5）和（6）要求的培训，形成上岗前培训考评记录表。

(5) 提供的教育、经历及相关技术能力的可证明的材料能证明拟入职人员符合要求的，需要开展以下培训和确认工作：

1）需求部门和综合办公室应在入职人员入职的一个月内安排其接受机构管理制度、机构组织结构、岗位要求、体系知识、安全防护的内部培训。

2）综合办公室安排其接受至少一次与入职岗位有关的管理或技术能力的理论考核。

3）检测部必须安排入职的技术人员接受至少一次入职项目的操作考核。

(6) 提供的教育、经历及相关技术能力的可证明的材料证明不能充分证明拟入职人员符合要求的，需要开展以下培训和确认工作：

1）需求部门和人力资源部门应在入职的一个月内安排其接受机构管理制度、机构组织结构、岗位要求、体系知识、安全防护的内部培训。

2）综合办公室安排其接受至少一个月岗位实习工作。

3）在完成一个月的实习工作后进行至少一次与入职岗位有关的管理或技术能力的理论考核，技术人员接受至少一次入职项目的操作考核。

(7) 质量监督员对新入职人员的操作考核过程按《质量监督与监控控制程序》和质量手册要求开展监督活动。

(8) 最高管理者或其授权人员（质量负责人和技术负责人）分别负责对从事抽样、检验检测、签发报告或证书、提出意见和解释以及操作设备等工作的人员按要求根据相应的教育、培训、经验和（或）可证明的技能进行资格确认，经考核合格颁发上岗证，填写专业人员上岗能力确认表，形成评价记录。

(9) 由最高管理者确定是否正式聘用拟入职人员。

4.4.3 人员正式入职档案、权限的分配

(1) 正式入职的人员应填写人员基本情况登记表，由综合办公室正式为其建立或更新人员档案，其档案内容应符合质量手册的要求。

(2) 正式入职由综合办公室给其制作岗位工作证，标明其姓名、部门、职务、岗位。

(3) 所有检测项目和设备操作人员都必须得到内部授权，由各人员所在部门提出授权范围，由综合办公室汇总形成项目和设备操作人员授权表，并经最高管理者批准实施。

(4) 所有相关管理职务的人员都必须获得内部任命文件，任命内容由最高管理者批准，综合办公室负责任命文件的编写和发布。

(5) 公司应通过各种内部沟通的途径和方式公示入职人员，使所有涉及人员或部门及时了解机构人员和岗位变化。

4.4.4 正式入职人员工作流程

(1) 正式入职人员应根据所承担的职务和与该职务对应的相关程序文件要求开展工作。

（2）各级管理层应保障工作人员工作的正常开展。

（3）最高管理者或其授权部门应通过各种内部沟通途径来收集处理工作人员的需求、投诉，并解决和分析这些需求，以达到改善工作环节或体系的要求。

（4）各部门应根据所承担的工作范围、技术方向、人员能力需求在每年度的管理评审活动中提出下年度的培训、学习、考核需求。

4.4.5　外来人员的管理

（1）外来人员在进入检测区域前，项目操作人员应对其身份进行确认，并由获得授权的人员进行接待和陪同。

（2）所有外来人员均应在外来人员出入登记表中登记，写明其进入场所的事由、出入时间、陪同人员等信息。

（3）进入检测场所的外来人员在进入场所前应充分了解必要的安全防护、注意事项、禁止行为等。

（4）陪同人员应详细了解进入检测场所人员的精神状态、目的，包括可能的疾病史，做好外来人员的安全防护告知，以及不便带入检测区域的用品的安全保管告知。

（5）当进入检测场所的外来人员不能遵守相关要求时，陪同人员可要求其离开，必要时可强制其离开，并报警。

4.4.6　人员活动记录的管理

（1）所有人员都需要根据要求将自己的工作活动进行记录，并在规定的格式或软件路径中加以记录，能够追溯。

（2）人员的各项记录应能充分保证外部组织、机构、个人对机构检测能力的信任感。

4.4.7　人员管理活动的应用

（1）人员在体系中的表现应作为对其能力的考评依据之一。

（2）年度内部审核活动中应对人员体系要求的实施情况进行审核。

（3）年度管理评审活动中应对年度人员管理情况、培训情况、人力资源的需求等内容进行评审，并形成输出要求。

5　相关文件

《人员培训管理控制程序》

6　相关记录

6.1　人员一览表

6.2　人员基本情况登记表

6.3　人员任职资格确认评价表

6.4　能力确认及评价记录表

6.5　试验检测人员能力监督表

6.6　仪器设备操作人员授权表

6.7　外来人员出入登记表

人员一览表

单位名称：

序号	姓名	性别	身份证号码	工作岗位	学历和专业	职称	从事试验检测年限	试验检测证书编号	是否在母体注册	变更情况

填表： 审核： 日期： 年 月 日

注：1. "工作岗位"一栏填写"授权负责人、试验检测工程师、试验检测员、设备管理员、档案管理员"，对兼职的人员可以填写多项内容；
2. 人员一览表应注意动态更新，对变更的人员应在"变更情况"一栏填写有关变更信息。

人员基本情况登记表

单位名称：

姓名		性别		民族		
出生年月		文化程度		政治面貌		
毕业时间		身份证号				
毕业院校及所学专业						
从事试验工作时间		职务		技术职称		
籍贯		联系方式				

工作简历	

持证情况					
发证机关	证书种类	证书编号	专业	发证日期

擅长专业	
备注	

人员任职资格确认评价表

单位名称：

姓名		性别		年龄	
学历		专业		工作部门	
职称		专业工作年限		职务	
确认岗位					

项目要求	结论	
	符合	不符合
1. 具备相应的学历、专业、职称要求		
2. 具备相应的专业工作经历		
3. 参加过相应的培训		
4. 其他信息		
确认人		确认日期	
审批	该人员经过资格确认，符合岗位任职资格要求，批准从_____年_____月_____日起，从事技术负责人、内审员的工作。 批准人： 年　月　日		
备注			

能力确认及评价记录表

姓名：　　　　　岗位：

序号	确认内容	岗位任职标准	确认情况	确认结果
1	学历	专科及以上学历	□研究生 □本科 □专科 □中专	
2	职称	工程师及以上职称	□高级工程师 □工程师 □助理工程师 □技术员	
3	本专业工作年限	5年及以上		
4	持证情况	持有本检测领域的检测证书	持有道路工程试验检测师证书	
5	培训相关经验	—	—	
6	技术能力考核情况	熟悉检验检测目的、程序、方法，能够评价检验检测结果	熟悉所从事领域的仪器设备操作及检测技术，掌握从事检验领域的相关技术标准方法，能正确处理和判断检测结果	
7	其他（监督和操作观察的结果及参加能力验证、比对试验的成绩）	能够按计划对检验检测参数进行操作并整理	能够按计划对检验检测参数进行操作并整理	
确认结论				

确认人：　　　　　时间：

试验检测人员能力监督表

单位名称：

试验人员		试验日期		监督人 （考核人）		监督日期	
样品名称		检测参数					
试验规范 （方法）							

	监督内容	现实情况	分值	得分
样品制备	样品的制备、标识是否满足规范要求	是□ 否□	6	
环境控制	温度（℃） 相对湿度（%） 其他条件		4	
仪器设备	在试验前后分别对所用的仪器设备进行了状态检验测试	是□ 否□	5	
	是否填写了设备使用记录	是□ 否□	5	
	选择的设备的量程和精度是否满足要求	是□ 否□	5	
试验操作	能够按照标准、规范和规程所规定的方法和步骤完整、规范、熟练操作	是□ 否□	12	
	是否能够熟练地使用仪器设备	是□ 否□	5	
	试验结束是否对设备进行清理	是□ 否□	3	
原始记录	所记录的原始记录应是对试验过程的实时记录	是□ 否□	8	
	能否熟练、正确地进行计算	是□ 否□	7	
	信息是否完整齐全	是□ 否□	5	
	填写是否正确、空白处是否处理	是□ 否□	3	
	涂改、划改是否正确	是□ 否□	3	
报告	试验报告应按照规定准确、清晰、客观地表述，信息齐全	是□ 否□	8	
	试验的结论是否正确	是□ 否□	8	
	检测人员签字齐全、有效	是□ 否□	5	
	报告信息是否可追溯	是□ 否□	3	
对规范、标准的熟悉程度及理解的准确程度	熟练掌握所承担检测领域的相关技术要求和方法（根据现场对检测人员的提问评分）	是□ 否□	5	
备注				

仪器设备操作人员授权表

单位名称：

序号	试验项目	设备名称	被授权人	备注
说明	本表格每年更新一次			

编制：　　　审核：　　　批准：　　　时间：

外来人员出入登记表

单位名称：

日期	来宾单位	来宾姓名	事由	进入时间	离去时间	批准人	陪同人	备注

注：此表由管理部门负责填写、管理。

人员培训管理程序

1 目的

通过对检测人员进行有效管理，保持与检测有关人员的能力，确保检测工作满足顾客和相关法律法规的要求，有计划地对机构员工进行系统和专业的培训，增强员工的质量意识，使其掌握有关知识和技能，提高人员素质，以适应机构发展的需要。

2 适用范围

适用于与检测工作有关的管理人员、技术人员和关键支持人员培训的策划和实施；新员工的岗前培训与考核；员工的在职培训。

3 职责

3.1 最高管理者负责培训、考核计划的批准。

3.2 技术负责人负责制订年度人员培训计划和对人员体系管理培训效果的评价工作。

3.3 技术负责人负责对人员技术培训效果的评价工作。

3.4 综合办公室负责组织开展实施人员培训活动及人员培训记录和技术档案管理工作。

3.5 各部门负责培训需求的提出、协助确定人员培训计划，并按计划组织人员参加学习、培训和考核活动。

3.6 质量监督员负责对培训过程中的操作考核活动进行监督。

4 工作程序

4.1 人员能力确定

4.1.1 要求

（1）综合办公室建立人员名册，填写检测人员持证登记表。

（2）技术负责人、质量负责人、监督员、内审员、收样员、设备员、抽样员、报告签发人、提出意见和解释人员、检测员、特殊设备操作人员的能力应能满足相应的法律法规、客户和机构的要求。

4.1.2 能力要求的确定

（1）根据机构对岗位人员的能力要求，由综合办公室对上述 4.1.1 条涉及的人员，依据其教育、培训、经验和技能，进行资格确认，建立人员技术档案，并将确认结果报技术负责人，作为制定培训计划的依据。

（2）综合办公室应组织编制技术负责人、质量负责人、样品管理员、报告签发人、抽样员、检测员、监督员、设备管理员、内审员、提出意见和解释人员等人员的工作岗位职责权限，由质量负责人审核，最高管理者批准后实施。

（3）对岗位人员当前工作描述应包括以下内容：
1）从事检测工作方面的职责；
2）检测计划和结果评价方面的职责；
3）提交意见和解释的职责；
4）方法改进、新方法制定和确认方面的职责；
5）所需的专业知识和经验；
6）上岗资格和培训计划。

4.2 聘用人员管理

4.2.1 新录用人员

根据机构的需要，在使用聘用人员、额外技术人员、关键的支持人员前，由综合办公室汇总招聘计划，招聘计划中应明确教育、培训、经验、技能等要求，由质量负责人审核，经最高管理者批准后实施。

4.2.2 监督管理

对机构使用的聘用人员进行有效的监督管理，确保这些人员能够胜任。

（1）在试用期满后，由使用部门将试用人员在试用期间的工作、考核、鉴定情况上报综合办公室。对通过考核鉴定的人员，最高管理者签订正式录用合同。

（2）每年年底，由各部门对本部门使用的聘用人员进行综合评价，将评价结果上报综合办公室，由档案室存档保存。

4.3 培训管理

4.3.1 培训计划

（1）需求确定

综合办公室根据机构的发展需要、岗位人员的能力确定情况、各阶段的人员考核情况及相关法律法规和客户要求确定培训需求。

（2）培训计划

综合办公室应根据确定的培训需求，于每年年底制定下一年度的培训计划。如有临时培训的要求，制定临时补充培训的计划。

人员培训计划的内容应包括岗前、转岗、技能再提高等所涉及的专业知识、校准知识、质量控制与监督管理知识、计量理论知识、误差理论、数据处理、抽样方法与理论、法律法规、职业道德规范等各岗位所需的应知应会的培训，计划中要明确人员教育、培训和技能的目标。具体内容有以下几点。

1）基础知识：包括安全环境保护法律法规、标准化知识、质量监督和管理、试验检测数据处理、检验检测专业知识、新标准宣贯学习、新理论、新技术、计算机软件等基础知识。

2）实际操作技能：包括样品制备、检验检测仪器设备的使用及维护、标准物质的使用、各检验检测项目测试方法及操作技能等。

3）岗前培训。

4）有关法律法规、管理体系文件、《检测和校准检验检测机构能力认可准则》等。

5）继续教育、提高学历教育等。

培训计划报质量负责人审核后，报最高管理者审批后实施。

4.3.2 培训计划的实施

综合办公室按培训计划内容，落实每一项培训工作。

（1）由内部组织的培训，综合办公室应提前落实好培训地点和培训教材，选择合适的教员，做好培训记录和必要的培训考核记录。

（2）外委培训人员，综合办公室应提前联系好培训单位或机构及其他相关事宜。送外委托培训人员名单由质量负责人审核后交最高管理者批准。

（3）送外培训取得有关资质及学习证明书（或复印件）交综合办公室（档案管理人员）归入个人技术档案。

（4）新进大型仪器设备操作使用培训，由检测室组织设备供应商安装调试人员对设备操作人员进行培训并组织考核。新进其他设备的操作使用培训由设备使用部门组织培训和考核，并填写设备操作培训、考核记录报综合办公室。

（5）临时性的培训工作，由各科室根据实际情况提出培训需求申请，报最高管理者批准后实施。培训结束后将培训证明交综合办公室，并进行登记。

（6）授权签字人、监督员、内审员、提出意见和解释人员等资质的培训，根据个人申请和中心的工作需要进行安排。

4.3.3 培训措施

（1）对以上培训内容，除自学以外，要以集中培训为主。同时开展多种形式的培训活动，如讲座、研讨会，参加有关部门和单位举办的培训班或系统学习等。

（2）新调入的人员或换岗人员首先参加省（区、市）统一组织的检测试验人员考核。取得上岗证后，由技术负责人按照《人员考核程序》的规定组织操作考核，合格后方可授权。

（3）当质量体系或工作程序发生变化时（包括有关质量文件修改后），由技术负责人组织有关人员进行学习贯彻，必要时按照《人员考核程序》的规定进行考核。

（4）由技术负责人有计划地组织检测人员参加比对检验、能力验证，以提高检测人员的检测技术水平。

（5）实际操作技能培训和岗前培训有两种形式，一是提倡中心内部以老带新，二是参加外部机构组织的各种培训班。

（6）培训实施记录由主持人在培训结束后十天内完成，交技术负责人统一汇总，由综合办公室（档案管理人员）负责归档保存。

4.4 考核

4.4.1 年度考核

年度考核由最高管理者主持，实行定量与定性相结合的考核办法，考核结果作为职工评定晋升技术职称、聘任职务以及年度奖惩的依据。

4.4.2 检验检测项目持证上岗考核

（1）积极参加上级有关部门组织的各类检验检测项目持证上岗考核，所有检验检测岗位必须经考核合格、持证上岗。

（2）上岗证由机构统一制作，内容包括姓名、性别、所在部门、上岗项目（或岗位）等，并附上岗人员证件照，加盖机构公章。上岗项目为经考核合格、当前实际承担的检验检测项目。

（3）上岗证发放情况应留下记录，考核合格证书及上岗证的复印件应放入个人技术业绩档案。

4.4.3 其他各类考核

（1）外出学习培训的职工参加主办单位组织的考核，应及时持考核成绩证明和有关证书复印件到综合办公室办理登记归档手续。

（2）机构内部组织的各类培训由培训主办部门组织考核或总结，并由综合办公室留下相关记录。

4.4.4 归档和管理

综合办公室（档案管理人员）将人员培训的记录和个人技术档案按照《记录管理程序》和《人员考核程序》的规定归档和管理，并将培训过程中形成的质量文件整理归档。

5 相关文件

《质量监督与监控控制程序》

6 相关记录

6.1 培训需求申请单
6.2 年度内部培训计划表
6.3 人员培训记录表
6.4 人员考核记录表
6.5 上岗前培训考评记录表
6.6 试验检测人员培训情况登记表

培训需求申请单

单位名称：　　　　　　　　记录编号：

申请部门		申请人		申请时间	
培训日期		参培人数		培训时间	
培训形式			受训岗位		
培训主题					
培训需求提出的背景					
培训内容	1. 2. 3.				
培训对象要求及建议	年　　月　　日				
部门主管意见	年　　月　　日				
最高管理者意见	年　　月　　日				
备注					

年度内部培训计划表

单位名称:

序号	培训时间	培训内容	培训方式	参加人员	考核方式	备注

人员培训记录表

单位名称：　　　　　　　　　记录编号：

培训内容		培训时间	
培训讲师		培训方式	
培训对象		考核方式	

姓名	性别	单位（岗位）	职务	签名

培训目的	

培训实施情况（培训和考核过程、学员反映等情况）：

培训效果评价：

评价人：

人员考核记录表

单位名称：

序号	姓名	考核项目	成绩	主考人	考核时间

上岗前培训考评记录表

单位名称：

姓名		性别		出生年月	
参加工作时间		文化程度		所学专业	
培训内容	完成情况	考核情况		备注	
体系知识					
法律法规					
安全教育					
专业技术理论					
实际操作技能					
考评意见					

技术负责人： 日期：

试验检测人员培训情况登记表

单位名称：

序号	培训内容	培训类别	培训日期	培训地点	授课单位（教师）	参加培训人员	培训效果	备注

填表： 审核： 日期： 年 月 日

注：1. "培训类别"一栏填写"标准规范、行业管理办法、继续教育、专业培训、其他"；
2. "培训效果"一栏填写"良好、较好、一般、较差"，或填写取得的实际效果。

质量监督与监控程序

1 目的

为确保检测室所提供检测数据的准确性,应采取有效的检查方法对检测质量进行控制,并对这些方法的有效性进行评价。

2 适用范围

适用于质量检测室实施检测过程的控制。新开检测项目、能力验证、仪器校准和检查、试剂质量验证等活动也可参照本程序中的方法进行。

3 职责

3.1 质量负责人负责制定检测质量控制计划和实施方案、下达任务,根据试验结果对样品检测结果和控制方法的有效性进行评价。年末对年度检测质量情况进行汇总并形成报告。

3.2 检测室负责按计划进行试验,上交结果,必要时写出试验报告、对样品复测。

3.3 技术负责人针对检测室检测技术的薄弱环节,对检测质量问题中的疑难技术问题组织人员进行攻关。

3.4 质量监督员负责监督工作的实施和纠正活动的跟踪验证。

4 程序

4.1 质量监督计划的编制和批准

4.1.1 除体系运行之初,质量监督计划需要按体系实际运行时间编制外,其他年份,质量监督计划应是上年度管理评审的输出之一(编制时间应在本年度的年初)。

4.1.2 质量负责人应结合上年度质量监督总结情况、本年度人员培训计划编制情况、本年度能力验证/比对计划开展情况及一些预期的活动(如可能的新项目、新方法的开展和应用情况)编制或制定人员编制年度质量监督计划,列出年度重点质量监督环节或人员,并组织落实。当由制定人员编制计划时,质量负责人需要对计划进行审核。

4.1.3 最高管理者负责年度质量监督计划的批准。

4.2 质量监督的实施:

4.2.1 质量监督活动的实施范围:

对各专业检测活动中的人员包括在培员工等关键岗位人员和关键检测活动(覆盖检测全过程,包括检测方法、检测结果、数据处理及评价、检测记录、报告等)进行充分的监督,这些活动包括(但不限于):

(1)能力验证、测量审核、参考比对、比对开展过程活动;

(2)新项目开展策划、新标准适用性评价、新设备投入使用前符合性评价活动;

(3)发生客户投诉涉及的技术活动的复检和验证活动;

（4）检测数据有异议或数据处于临界状态的验证活动时；
（5）偏离体系规定进行的技术活动；
（6）关键人员、在培人员能力识别、上岗培训活动；
（7）委托方对检测活动或样品有保密要求的活动；
（8）不符合工作纠正措施活动（非内审中的不符合工作的纠正活动）。

4.2.2 质量负责人根据年度监督计划识别管理体系活动中涉及的需要开展质量监督的活动，在确定开展监督的范围后，下达质量监督通知书给相应的质量监督员对相关活动开展质量监督（该通知可以是对某次活动或人员的监督通知，也可以是某个时间段某项活动的监督通知）。

4.2.3 当该区域的质量监督员又恰好是接受监督活动的实施人，则由质量负责人指定其他质量监督员实施监督，但另行指定的质量监督员应获得被监督活动开展的背景资料（如涉及的技术标准、培训或考核活动的内容、活动的指导或评价文件等）。

4.2.4 在通知书中应对被监督活动过程要点进行识别，列出准备开展监督活动中的监督环节及其中的要求和关注点，这些监督要求和关注点包括（但不限于）：

（1）人员的资质能力；
（2）检测步骤；
（3）仪器设备的溯源和工作状态；
（4）检测工作环境；
（5）标准/技术规范的适用性和现行有效状态等。

4.2.5 质量监督员根据通知书要求对相关区域或活动过程进行监督，识别被监督环节、要点实施的有效性、符合性，如实地详细记录监督的过程和监督过程中所发现的不符合描述。

4.2.6 质量监督员应与被监督活动的实施人确认监督记录中的描述，被监督活动实施人应在"被监督对象意见"栏中描述认可或不认可的描述，并签字。

4.2.7 质量监督员在完成质量监督活动后，应将质量监督情况和记录提交给质量负责人，由质量负责人确认是否认可其监督活动的有效性。

4.3 质量监督中监督者和被监督活动涉及人的权利和义务

4.3.1 被监督部门不得拒绝质量监督活动的开展，不得违背《维护公正和诚信控制管理程序》和相关要求。

4.3.2 被监督工作的实施人或实施部门在能提出确凿证据或经历的情况下，可由质量负责人指定其他质量监督员实施监督，被指定监督人员应符合本章4.2节的要求。

4.3.3 质量监督员在监督的实施过程中不得误导、干扰被监督工作的正常实施。

4.3.4 当质量监督员在监督过程中发现存在影响检测结果的情况时，可有权力暂停被监督的工作，结束监督活动，并将情况反馈给被监督工作的主管人员和质量负责人。

4.3.5 被监督活动的实施人如对监督的记录描述有疑义，交由质量负责人进行判断，当质量负责人在不违背公正性要求的情况下，确认监督描述情况属实的，则被监督活动实施人应无条件签字认可监督的描述。

    4.4 质量监督中不符合项的整改

    4.4.1 在认可质量监督的描述后，被监督活动的实施责任部门负责人应组织人员分析造成描述中的不符合产生的原因，并提出纠正措施，根据《不符合检测工作的处理控制程序》进行纠正；

    4.4.2 识别出不符合活动的监督员负责对纠正措施进行跟踪验证，以确认纠正措施的有效性；

    4.4.3 另行指定的跟踪验证纠正措施实施有效性的质量监督员应按本章4.2节要求活动纠正实施的背景资料；

    4.4.4 在确认纠正措施的有效性后，质量监督员将最终结果汇报给质量负责人，由质量负责人批准恢复或重新开始被暂停的活动。

    4.5 质量监督活动的应用

    4.5.1 各质量监督员应在年度管理评审中输入质量监督活动情况（监督的项目、频次、结果汇总、纠正完成情况等），来改进管理体系；

    4.5.2 综合办公室应负责质量监督记录的保存和存档。

5 相关文件

    5.1 《不符合检测工作的处理控制程序》
    5.2 《预防措施和改进程序》

6 相关记录

    6.1 年度质量监督计划
    6.2 质量监督通知书
    6.3 质量监督记录

年度质量监督计划

单位名称：

序号	监督内容	监督频率	涉及人员	监督人员	备注

编制：　　　　　　　　　　　　　　批准：　　　　　　　　　　　　　日期：　年　月

质量监督通知书

单位名称：

监督员		监督时间	
实施监督事由			
实施监督内容及要求			
接受任务人员确认签名			
监督环节及内容	☐ 1. 人员初始能力和持续能力（资格及资格保持）； ☐ 2. 熟悉作业指导书及执行能力； ☐ 3. 检验规程/校准规范的符合性； ☐ 4. 仪器设备的操作能力，熟练性、正确性； ☐ 5. 环境、设施的符合性； ☐ 6. 样品标识情况； ☐ 7. 样品制备及试剂和消耗性材料的配置情况； ☐ 8. 抽样计划及执行情况； ☐ 9. 原始记录及数据核查能力； ☐ 10. 数据处理及判定能力； ☐ 11. 不可确定度评审情况； ☐ 12. 结果报告的出具能力及审核能力。 注：实施监督内容前打√，可多项选择。			

质量监督记录

单位名称:

监督检查日期		监督员	
监督内容			
监督记录			
论结	合格□　　不合格□		
不符合说明			
确认意见	监督情况属实□ 监督情况不属实□ 　　　　　　　　　　　　　　　　　　　　被监督部门负责人: 日期:		

场所设施及环境监控程序

1 目的

为有效控制用于检测场所的设施和环境条件，使其对检测结果无不良影响，确保结果准确、有效、可靠。

2 范围

适用于检测室用于检测的所有场所。

3 职责

3.1 技术负责人
3.1.1 组织检测室制定环境控制目标；
3.1.2 组织建立检测物品贮存和消耗品的存放场所的环境控制目标；
3.1.3 负责建立各室的控制方法和记录；
3.1.4 维护本程序的有效性。
3.2 业务组负责人
监督检测员在工作时的检测环境。
3.3 检测员
记录检测环境的温度、湿度记录。
3.4 样品管理员
记录样品贮存环境的温度、湿度控制。
3.5 仪器设备管理员
记录仪器设备和消耗品贮存环境。

4 程序

4.1 设施和环境条件的确立
4.1.1 设施和环境条件不应对检测构成不利影响并确保对测量结果不确定度的影响符合要求。技术负责人应组织检测室负责人根据仪器设备的使用要求和执行的检测标准对设施和环境条件的要求建立满足要求的设施和环境控制目标。
4.1.2 检测组负责人应根据控制目标提出监控手段、方法和配置监控设施或设备。
4.1.3 样品管理员应根据承检样品的保存条件向技术负责人提出检测样品贮存场所的环境控制目标以及监控方法、监控设施或设备。
4.1.4 仪器设备管理员应根据仪器设备和检测消耗品注明的保存条件提出存放消耗品的环境监控目标以及监控方法、监控设施或设备。
4.2 监控设施或设备的配置
4.2.1 技术负责人应汇总上述环境监控负责人提出的监控设施或设备的配置要求，

交由仪器设备管理员制定采购计划。

4.2.2 采购、验收和安装环境监控设施或设备应执行《测量设备及设施管理程序》4.1节的相关要求。

4.2.3 环境监控设施或设备应由仪器设备管理员安排检定/校准。检定合格后粘贴绿色"合格"标识。

4.2.4 对技术要求较高的监控设施或设备应由使用室组编制作业指导书，制定操作和使用方法以及记录格式。

4.3 相互影响环境的隔离

4.3.1 技术负责人在指导建立检测环境、检测物品保管环境、消耗品贮存环境控制目标时应考虑不同仪器设备在不同检测作业时、不同检测物品在同一个贮存区域和不同消耗品之间的相互影响。如有影响应采取隔离措施。

4.3.2 实验室内的仪器布置在遵循不能相互影响的同时，应考虑使用的方便性。

4.4 检测中对环境的监控

4.4.1 检测员应在检测开始、检测中间、检测完成后检查和记录环境监控参数，避免环境条件发生偏离给检测结果造成不良影响。

4.4.2 当遇特殊客观原因使环境条件达不到监控要求时，检测组负责人可实施隔离措施，安排检测员在实施隔离措施后继续检测活动。

4.5 对检测环境的维护

4.5.1 技术负责人应督促检测室负责人对检测场所的照明、通风、采暖、电磁干扰等进行经常性的检查，以保证检测背景条件不会影响检测质量。

4.5.2 消耗品存放处的环境条件如发生偏离，技术负责人应组织对消耗品的质量进行验证，验证记录应由资料管理员存档保管。

4.5.3 样品室的保存环境条件如发生偏离，技术负责人在确认检测物品没有发生变化后应尽快恢复检测物品的保存环境条件。如发现检测物品特性发生了改变，技术负责人应执行《不符合项处置程序》，对检测物品进行善后处置。

4.5.4 本实验室要求有良好的工作秩序和互不干扰的工作环境。详细要求见《内务管理程序》。

5 相关文件

5.1 《测量不确定度评定程序》

5.2 《测量设备及设施管理程序》

5.3 《测量设备量值溯源程序》

5.4 《不符合项处置程序》

5.5 《内务管理程序》

5.6 《现场检测工作程序》

6 记录表格

环境监控记录表

环境监控记录表

单位名称：

日期	时间	温度（℃）	湿度（%）	记录人

安全作业程序

1 目的

为保证检测设备设施的正常安全运行，保证检测工作中检测环境的安全和卫生，保证检测作业人员的人身安全与健康，制定本程序。

2 范围

适用于机构各检测部门的安全作业和员工的健康管理，确保检测过程中危及安全的因素和环境得以有效控制。

3 职责

3.1 质量负责人负责检测室安全、内务管理办法的制定和监督检查。

3.2 各检测室负责人负责各自检测室的安全作业和内务管理。

4 工作程序

4.1 管理办法的制定

质量负责人负责制定安全作业和内务管理办法，经最高管理者批准后下发至各检测室执行。

4.2 安全和内务管理

4.2.1 检测人员负责各自检测区域的清洁卫生，保持环境清洁。

4.2.2 各检测现场应保持空气新鲜，并尽可能保持在恒温和恒湿的状态下进行工作。

4.2.3 实验室的设备、样品等存放必须有序，非检测人员不得随意动用和移动检测设备。

4.2.4 检测室应按规定做好各种记录，如温湿度记录、仪器设备使用、维修记录等。

4.2.5 进行现场检测或抽样时，应严格遵守现场工地的安全规定。

4.2.6 样品室应保持整洁，样品分区、安全保存，区域标识醒目且不得放置无关用品。

4.2.7 员工离开实验室或办公室时应对电源、水源、空调、门窗进行检查。

4.3 现场作业安全管理

4.3.1 检测人员进入工作现场进行检测时必须佩戴安全防护装备，如安全防护帽、防刺鞋、工作服、防护眼镜、防尘口罩等。检测部门负责人应督促员工佩戴防护装备，实施防护措施达不到安全要求的应停止作业。

4.3.2 进入现场的仪器设备必须配有防漏电插销板和电源电压检测仪表，以及仪器设备防水、防尘护罩及防震措施等。

4.3.3 现场检测的环境要求。

4.3.4 检测负责人在制定检测实施方案时，应根据所用仪器设备的使用条件和对被测对象的测量要求制定出现场检测时的极限环境条件和条件保障。例如：

（1）人员和设备的安全保障；
（2）供电供水的条件及保障；
（3）供气通风与气压条件；
（4）易燃、易爆品的控制；
（5）粉尘和烟雾干扰；
（6）有毒物品和腐蚀品的控制；
（7）其他特殊条件和保障。

4.3.5 对有条件要求和限制的检测活动，赴现场检测时，检测负责人应组织配带相应的监测设备。现场监测设备的使用要求应符合《测量设备及设施管理程序》要求。

4.3.6 开展现场检测时，检测负责人应组织携带全部检测仪器设备和环境监测设备，与设备管理员共同检查仪器设备是否在正常完好状态，并履行借用手续。

4.3.7 到达现场作业区后，检测负责人应首先安排架设环境监测设备，开展对检测环境条件是否达到要求进行定量评价。

4.3.8 在确认环境符合检测要求后，检测负责人邀请委托人一起对各种条件保障进行核查。当确认各种环境和条件已满足检测要求后，即可组织实施现场检测。

4.3.9 现场仪器设备安装、调试、校准后，使用人必须检查仪器设备的完好性。

4.3.10 检测中应注意观测和记录环境条件的变化情况。当环境条件超出规定的要求时，检测负责人应责令停止检测作业，直至环境条件恢复检测规定的程度。

4.3.11 对难以控制的环境条件，检测活动应考虑在时间和地域上实施隔离，以保证检测结果的有效性。

4.3.12 检测活动中，检测人员除了应当记录检测数据和环境检测结果，还应记录被测对象的详细情况和仪器设备的使用情况。仪器设备的使用情况可参照《测量设备及设施管理程序》有关要求。

4.4 检测环境的隔离

4.4.1 当环境监测结果显示环境条件达不到检测要求时，检测负责人应决定停止检测。对不能间断检测活动的检测数据宣布数据无效。

4.4.2 检测负责人应与委托人协商，实施时间隔离。即考虑在无干扰时段时进行检测。同时做好必要的条件保障。

4.4.3 当现场环境持续达不到检测要求时，应停止现场检测计划的实施。可请委托人考虑可否改变检测方法。如实施在实验室中的模拟检测或其他方式。

4.5 应急处理措施

4.5.1 全体员工应自觉遵守和维护公司的安全制度与试验设施，在遇到或发现险情后有责任实施救助。

4.5.2 当员工在作业时发生人身安全事故时，机构的任何人员应根据事故程度立即实施救助措施。当施救无效时可呼救附近任何人员帮助拨打"120"紧急救助电话求助。采取救助的同时应设法通知机构的领导做善后处理。

4.5.3 当工作现场出现诸如火灾、水灾、燃油或化学品泄漏、环境污染等蔓延性灾害时，任何员工都有责任、义务和权利采取防止灾害蔓延的一切施救措施。同时应呼救人员帮助救助。当施救无效时可呼救附近任何人员帮助拨打"119"火警紧急救助电话求助。在采取救助的同时应设法通知机构领导做善后处理。

4.5.4 当出现仪器设备或设施损坏时，当事人应采取措施防止损害继续蔓延，保护现场并及时报告领导，做好损坏现场的记录。

5 相关文件

5.1 《测量设备及设施管理程序》

5.2 《安全作业程序》

5.3 《检测工作程序》

6 相关记录表

6.1 年度安全检查计划表

6.2 内务检查记录

年度安全检查计划表

单位名称：

序号	安全检查项目	检查频次	检查范围	检查目的	检查负责人	备注
1						
2						
3						
4						
5						
6						
7						
8						
9						
10						

内务检查记录

单位名称：

检查内容	检查情况	整改情况	备注
实验室各功能间布局合理，明确安全卫生责任人			
实验室内整洁，没有与检测无关的杂物			
实验室仪器设备摆放整齐，已经检定			
仪器是否做好防尘、防电磁干扰、防振动，干燥剂是否经常更换			
实验室玻璃及门窗擦拭干净			
台面、地面是否干净			
仪器设备是否干净			
检测人员上岗时穿工作服			
实验室内无吸烟、进食现象			
实验室内无接拉电线现象			
实验室配备符合要求的灭火装备			
化学前处理室配备通风橱等通风系统			
标准物质、试剂按规定要求标识、存放			
档案保存室记录存放有序			
记录品实行双人管理			

检查意见：

检查人：　　　　　　　　　　　　　　　　　　　　　　　检查日期：

环境保护程序

1 目的

保证检测工作中所产生的噪声、有毒有害气体、液体和固体物质等符合环境保护和健康的要求，防止环境污染。

2 适用范围

适用于检测活动过程中产生的对环境污染或人体健康有影响的噪声、废气、废水和危险废物等的合理处置。

3 职责

部门职责如下：

3.1 技术负责人负责合理配置相应环境控制设施设备；

3.2 检测室负责检测活动中产生的废弃物的无害化处理；

3.3 综合办公室、质量管理部门负责外部委托处理单位资质材料的收集与评价；

3.4 技术负责人负责落实对环境与健康有影响的各种因素的控制措施；

3.5 检测部门负责人负责定期检查环境控制设施设备；

3.6 质量监督员负责对环境控制设施设备与控制措施实施监督。

4 程序

4.1 设施设备配置要求

4.1.1 实验室应布局合理，并采取有效措施，防止相邻工作区域间的不利影响。

4.1.2 实验室的设计或改造，应根据实验室的功能和用途，充分考虑能源、采光、采暖、通风的要求，并考虑环境因素（如温湿度、电磁干扰、噪声、振动等）对检测工作可能造成的不利影响而采取有效预防措施。

4.1.3 实验过程有强噪声产生，应采取减噪声或隔声措施，有废气、废水、烟雾产生的实验室和试验装置，应配有合适的排放系统，以保证检测工作质量和工作人员健康不受影响或损害。

4.2 废弃物的处置

检测室负责检测活动中产生的各类废弃物的无害化处理，废弃物无害化处理按以下处理原则进行管理。

4.2.1 一般处理原则

实验室废弃物种类较多，主要包括无机试剂废弃物、有机试剂废弃物、含放射性材料废弃物、化学废气、生物样本废弃物和动物尸体等。其一般处理原则为：防止污物扩散、污染，分类收集、存放，分别集中处理；尽可能采用废物回收以及固化、焚烧处理。在实际工作中检测部门应选择合适的方法进行检测，尽可能减少废物量，减少污染。

4.2.2 废气

实验室的设置应便于使泄漏的有害气体自行扩散和自净。实验室从事日常检测活动时，必须按照国家有关规定保证大气污染防治设施的正常运转，伴有产生有害气体的操作，必须在通风柜内进行。排放的废气不得违反《大气污染物综合排放标准》（GB 16297—1996）或国家其他相关规定的要求。

4.2.3 废液（物）

检测活动中产生的废液（物），必须按照国家有关规定及技术要求进行无害化处理，符合《中华人民共和国固体废物污染环境防治法》《废弃危险化学品污染环境防治办法》《污水综合排放标准》（GB 8978—1996）等相关规定后，方可废弃。不得随意排放、丢弃、倾倒、堆放，不得将危险废物混入其他废物和生活垃圾中。检测部门负责分类集中收集，根据不同属性分别处理：

（1）无毒或低毒酸、碱溶液分别集中后由检测部门将其相互中和至中性，用水稀释后排入污水池。

（2）有毒废液（物）由检测部门进行化学处理，专桶收集后送委托单位处理。

（3）可回收使用的有机溶液应分别收集、重新蒸馏后回收使用，难以回收使用的有机溶液集中收集，送有相应资质的委托单位处理。

（4）检测过程中产生的有微生物污染的废物，应经严格消毒处理后才能废弃，不准直接排入下水道及污物处理场所。固体废物专桶收集后由委托单位处理。处理废液（物）的委托单位需由办公室收集、提供其相关证明材料，质量管理部门组织相关人员对其进行评价并列入中心年度合格供应商目录。废液（物）应按照类别分别置于防渗漏、防锐器穿透等符合国家有关环境保护要求的专用包装物、容器内，并按《中华人民共和国固体废物污染环境防治法》《医疗卫生机构医疗废物管理办法》和《医疗废物专用包装物、容器标准和警示标识规定》等国家规定要求设置明显的危险废物警示标识和说明。废弃物处理必须有处理记录，记录内容应包括"三废"名称、数量、处理方法、日期，并有处理人签名等。检测部门负责记录的填写和保管。

4.2.4 应急措施

实验室应配备紧急处理意外伤害的急救药箱（内有消毒液、清洗液、洗眼杯、烫伤膏、包扎用品等），放于固定位置，便于使用，并定期更新。当实验室发生废水、废气、危险废物或病原微生物泄漏或扩散，造成或可能造成严重环境污染或生态破坏时，应当立即采取应急措施。通报可能受到危害的单位和居民，并向市环境保护行政主管部门和市卫生行政主管部门报告，接受调查处理。实验室的任何人员都有责任、义务和权利采取防止灾害蔓延的一切措施。

4.2.5 监督与控制

（1）技术负责人应对机构的废液、废物、废气等有可能构成环境污染或影响员工健康安全的因素落实控制与排放措施。

（2）检测部门负责人应定期对实验室相应设施的完好性和环境条件的符合性、安全性进行检查。

（3）质量监督员在履行监督职责时，若发现设施设备不符合要求而影响检测结果或废弃物未按要求进行处置时，应提出纠正和整改通知，必要时责成检测人员终止试验。

具体可按《不符合项处置程序》执行。

5 相关文件

5.1　《中华人民共和国固体废物污染环境防治法》

5.2　《废弃危险化学品污染环境防治办法》

5.3　《医疗卫生机构医疗废物管理办法》

5.4　《医疗废物专用包装物、容器标准和警示标识规定》

5.5　《大气污染物综合排放标准》（GB 16297—1996）

6 记录表格

废液处理登记表

废液处理登记表

单位名称：

日期	废液名称	数量（mL）	处理方法	处理人	核验员	备注

内务管理程序

1 目的

对可能影响检测工作的人为条件进行控制,保证检测工作具有安全、良好和符合要求的工作环境。

2 适用范围

适用于内务、安全管理工作的各环节、部门。

3 职责

综合部经理职责:
(1) 组织制定各项管理措施,负责内务、安全管理工作。
(2) 负责内务、安全工作的管理,落实各项管理要求。

4 工作程序

4.1 内务卫生管理

4.1.1 检测部各岗位应按要求保持工作场所的环境卫生,落实责任,每周进行一次全面的打扫和清洁工作。

4.1.2 检测员在当日工作结束后,应及时清洁仪器设备和周边环境,整理检测用仪器设备、工具,按指定位置摆放,非检测用品一律不准堆放在受控区域内。

4.1.3 对环境有特殊要求的场所,应严格按规定进行环境控制,操作者严格按规定操作。

4.1.4 检测现场应整洁卫生、仪器工具存放整齐有序,标识清楚准确。

4.1.5 不允许在公司进食、吸烟,不许用试验器皿盛装饮用水,不许在公司存放食品和饮品,不许在本公司随地吐痰和乱扔纸屑等杂物。

4.2 安全管理

4.2.1 室内应通风良好,安装必要的通风设备,有利于有毒、有害气体及时、有效排放。

4.2.2 水、电、气及防火、防盗等设施应定期检查维护,及时更新、更换,保证安全、可靠、有效。

4.2.3 发生意外事故时,应迅速切断电源、火源,并立即采取有效而妥善的措施及时处理,并及时上报公司领导。

4.2.4 检测部应定期检查安全工作,防患于未然。每天下班前应关好门窗,切断电源,关闭水、气等。检查门窗、水、电、气等无误后方可离开,不得疏忽大意。

4.2.5 消防器材应妥善保管,定期更换,不得随意挪用,并且要会熟练使用。

4.3 检查与考核

4.3.1 各部门负责人负责日常的检查。

4.3.2 综合办公室每季度组织一次考核工作，通报检查考核结果，并填写安全与内务考核表。

5 相关文件

《场所设施与环境监控控制程序》

6 相关记录

安全与内务考核表

安全与内务考核表

单位名称:

日期	部门	检查内容	存在问题	处理意见	检查人	验证人	备注
		1. 工作环境是否整洁 2. 工作区域是否有进食、吸烟等现象 3. 检测人员是否佩戴必备的安全防护装备 4. 检测工作现场是否有安全警示标识 5. 是否有旧的标准、指导书在试验现场；是否有不用的文件夹随意摆放 6. 仪器工具标识是否清楚、准确，并按指定位置摆放 7. 待检区样品、已检区样品摆放是否整齐；是否有标识不明的待检样品 8. 对酸、碱、盐类废液是否处理妥当 9. 水、电、气及防火、防盗等设施是否可靠、有效 10. 仪器使用完毕是否按程序关闭 11. 照明、紧急照明系统是否良好					

检测设备和设施管理程序

1 目的

为使仪器设备始终处于受控条件下的完好状态,保证检测结果的有效性,特编制本程序。

2 适用范围

适用于所有用于检测、环境监测、安全监控用的仪器、设备(包含测量软件)、量具、器具(包括固定和固定控制之外)的采购、验收、使用、核查、维护保养、修理、降级与报废以及它们的标识和档案管理。

3 职责

3.1 检测组长
3.1.1 提出仪器设备的使用配置要求;
3.1.2 组织仪器设备的维护;
3.1.3 组织编写仪器设备操作规范;
3.1.4 提出降级报废的处理申请。
3.2 检测员
3.2.1 按照仪器设备的说明书或操作规范熟练地操作仪器设备;
3.2.2 做好仪器设备使用和维护记录。
3.3 仪器设备管理员
3.3.1 协助综合办公室采购仪器设备;
3.3.2 建立仪器设备档案;
3.3.3 组织仪器设备的溯源;
3.3.4 负责粘贴仪器设备管理标识。
3.4 综合办公室
负责仪器设备的采购、验收、标识管理和档案管理。
3.5 技术负责人
3.5.1 批准仪器设备的使用、维护、核查的作业指导书;
3.5.2 发现仪器设备存在缺陷时负责组织对可能产生的影响进行追溯;
3.5.3 负责仪器设备的申购、停用、降级、报废的技术性审核。
3.6 最高管理者对设备的采购、报废进行批准。

4 程序

4.1 购置
4.1.1 各部门根据本部门的设备状况、生产经营计划,提出设备增加、改造和更新需求,明确设备的使用要求,填写仪器设备申购表。

4.1.2 各部门在填写仪器设备申购表时，应描述清楚仪器设备性能及主要技术指标，技术负责人签署审核意见后，报综合办公室。

4.1.3 综合办公室在合格供应商名录中查询出价格后，报最高管理者批准。

4.1.4 批准后的仪器设备由综合办公室采购，购置合同由综合办公室归档。

4.2 验收

4.2.1 仪器设备购入后应经调试、验收合格，检测设备经计量检定合格后方能投入使用，由综合办公室会同检测室验收，仪器使用人在仪器设备使用记录中的仪器启用验收记录中填写验收记录。验收内容包括：

（1）检查包装是否完好、工整。整机完整性与外观检查，检查主机、附件与合同及装箱单是否一致，使用说明书等技术资料是否齐全。

（2）检查并确认机器在空运转状况下，机器各部件功能的有效性、稳定性和可靠性能否达到设计要求和满足检测需要。根据合同规定的技术要求和相应的标准、规程、使用说明书等对仪器设备的性能及技术指标进行质量验收，为设备的性能确认提供依据和保障。

（3）设备经安装确认与运行确认后，由获得检定授权的校准检测机构或公司对设备按照国家检定规程、校准规范或约定要求进行性能检定或确认，提供有效的检定、校准证书。

4.2.2 验收后处理

（1）验收合格的仪器设备按本程序4.3条建档。

（2）设备管理员和设备使用部门的操作人员应进行操作培训，培训情况记录于人员培训记录表。

（3）验收不合格的仪器设备由采购部门跟进，按流程的规定处理。

4.3 建档

4.3.1 综合办公室负责仪器设备的统一编号并登记。

4.3.2 检测室协助综合办公室做好仪器设备档案资料的收集与归档，档案内容应包括：档案目录，申购表，购置合同，出厂合格证，使用说明书，仪器设备操作规程或比对规范，维护方法、校准、检定证书或比对记录、设备调整和验收准则、下次校准的预定日期、比对报告，功能检查记录，使用维护记录以及仪器设备档案中包含的所有信息。

4.3.3 仪器设备档案按《检测设备和设施管理程序》进行管理，确保仪器设备档案的完整性。

4.4 使用

4.4.1 凡对检测结果、抽样结果的准确度和有效性有影响的测量仪器设备，包括辅助测量设备（例如用于测量环境条件的设备），在投入使用前必须经过检定或校准。

4.4.2 仪器设备应办理领用手续，明确保管人和放置地点，保管人或放置地点有变化时应及时通知综合办公室，并在仪器设备档案中记录。

4.4.3 当使用说明书不够详细、不足以指导操作，或会对检测工作带来危害时，由检测室负责编写仪器设备操作规程。仪器设备操作规程的主要内容为：

（1）设备开机前要求，包括环境条件要求和配件安装、接线等要求。

（2）接通电源开机后要求，包括开机步骤，预热时间、有关数据显示要求、状态记录等。

（3）设备状态检查及比对操作要求，包括设备零位、满量程调整及检查，与标准样品的比对及数据记录等。

（4）正常检测时的具体操作步骤。

（5）检测结束后设备的操作要求，包括设备及配件的复位，相关数字指示、显示要求等。

（6）设备使用完毕后操作要求，包括按顺序关闭电源、电源插头的连接及必要的后续处理等。

（7）设备操作过程中的注意事项。

（8）操作过程中出现故障的处理。

（9）必要时，仪器设备操作规程应包括维护和期间核查要求的内容。

4.4.4 仪器使用者应经过技术培训并经过授权，熟悉最新版说明书或仪器设备操作规程的内容，不得随意对设备固有的连接和设置进行调整、拆解，防止操作不当造成人员和设备事故。

4.4.5 使用仪器前，必须检查其是否在合格或准用有效期内，并检查环境条件是否符合使用要求，使用后应在仪器设备使用登记表中做好登记。仪器设备使用登记表用完后应交综合办公室存档。

4.4.6 凡发生仪器设备曾经过载或处置不当、给出可疑结果、已显示出缺陷、超出规定限度的设备时，应立即停止使用，贴上"停用"标志，必要时进行有效隔离。

4.4.7 检测室应检查由于上述缺陷对以前所进行检测工作的影响。如果有影响，则运行《不符合检测工作的处理控制程序》。检测室应组织有关人员对该仪器所出具的数据加以追溯，如发现所出具数据影响所发出的报告时应立即报告质量负责人，必要时通知客户，并加以纠正。

4.4.8 外单位借用仪器应经最高管理者批准，仪器设备保管人员应做好借用前和归还时的检查和验收工作，并做好记录。

4.4.9 尽可能对所有仪器设备和计量仪器编制维护计划并按时实施。计划和实施记录由综合办公室归档。

4.4.10 必要时应进行仪器设备的期间核查，详见《期间核查控制程序》。

4.5 标识管理

4.5.1 设备管理员应对所有检测配置的仪器设备、量具实施"绿、黄、红"三色标识管理。绿、黄、红三色标识的使用及定义如下：

（1）绿色标识：合格标识，经检定、校准或验证后达到使用要求的仪器设备、量具。标识内容至少应包含设备编号、检/校单位、检/校日期、有效日期等信息。

（2）黄色标识：准用标识，某一功能或某一指标达不到仪器本身要求，但其他功能能满足检测要求，又可以限制使用的仪器设备。标识内容至少应包含设备编号、检/校单位、检/校日期、有效日期、使用范围等信息。

（3）红色标识：停用标识，仪器设备损坏，经检定、校准或验证技术指标达不到使用要求的，超过检定、校准或验证周期的，怀疑仪器设备有失准问题的，封存备用的。标识内容应包含设备编号、开始停用时间等信息。

4.5.2 由设备管理员根据溯源信息，按要求填写相应的设备状态标识和内控标签，分别贴在设备的醒目位置上。

4.5.3 设备使用人员负责维护设备状态标识和内控标签的完好性，并通过其来直观识别设备的当前状态。

4.5.4 没有有效的设备状态标识和内控标签的检测设备、辅助设备不允许使用。

4.6 停用

4.6.1 发现仪器设备有故障或校准/计量显示有缺陷时，应立即暂停使用，并立即告知设备管理员。由设备使用部门填写设备停用审核，说明设备停用的理由、停用后的处理措施、对停用前检测数据的影响等内容，报技术负责人批准、综合办公室备案，在停用的仪器设备贴上红色标识。

4.6.2 一般小型设备、可移动设备应放在专用的区域内与在用检测设备予以隔离以防误用，停用后准备启用的大型设备、固定式设备、移动后可能造成设备参数改变的设备应原地停用加贴红色标识，并拆除或切断必要的装置及部件防止误用。

4.6.3 停用后重新启用的仪器设备应填写停用仪器设备启用申请表并向技术负责人申报，经检定合格表明能正常工作并贴上合格标识后方可使用。

4.7 修理

4.7.1 经检定/校准不合格或检测过程中发现有问题的仪器设备，由使用部门填写仪器设备维修申请表报综合办公室，由综合办公室负责组织修理。

4.7.2 修复的仪器必须经过检定/校准或检测表明能正常工作，证明满足要求后方可投入使用。

4.7.3 修理情况需登入仪器设备档案中。

4.8 报废

4.8.1 对因故无法满足检测要求并无法修复的仪器设备，可申请报废。由使用部门填写仪器设备停用（报废）申请表，报技术负责人审核、最高管理者批准。报废的仪器设备由综合办公室组织处理。

4.8.2 报废后的仪器设备档案仍由综合办公室保存。

4.9 利用外部设备的管理

4.9.1 当仪器设备突然损坏而工作急需时，或对使用频率低且价值昂贵、检测公司尚未配置的仪器设备，可租借外部设备。

4.9.2 租借外部设备必须先填写使用外部设备登记表，经技术负责人批准。必要时，相关检测室负责与对方签订协议并留档。

4.9.3 利用外部设备必须符合以下条件：

（1）量程、准确度等技术指标符合检测工作的需要。

（2）具备有效的合格证明，计量器具必须具备有效检定证书。

（3）仪器设备的使用环境条件应满足相应检测工作要求。

4.9.4 保存有关证据，如设备检定证书、操作规程及仪器设备所处环境条件、说明书等复印件。借用、租用仪器按照本公司设备要求进行管理。

4.10 设备因故脱离机构的直接控制,在设备送回后,设备管理员应对其功能和校准状态进行核查确保可以正常使用。

5 相关文件

5.1 《期间核查控制程序》

5.2 《量值溯源控制程序》

6 相关记录

6.1 仪器设备管理台账

6.2 仪器设备/标准物质购置申请单

6.3 仪器设备验收单

6.4 仪器设备使用记录

6.5 仪器设备档案目录

6.6 仪器设备维护保养计划

6.7 仪器设备维护记录表

6.8 外出设备借用管理登记台账

6.9 仪器设备维修申请表

6.10 仪器设备停用(报废)申请表

6.11 停用仪器设备启用申请表

6.12 使用外部设备登记表

仪器设备管理台账

单位名称:

序号	设备名称	设备编号	规格型号	技术指标		制造厂家/供应商	溯源方式	存放地点	保管人	备注
				测量范围	准确度/等级					

审核:　　　　　　　　　　　　　　　　　　　　　　日期:　年　月　日

填表:
注:"溯源方式"栏填写送校、送检、自校、比对、功能检查等。

仪器设备/标准物质购置申请单

单位名称：

申请部门			申请人		日期		
名称	型号规格	测量范围	准确度等级	生产单位	参考价格	数量	备注

申购理由：
申 请 人：　　　　日期：

审核意见：
技术负责人：　　　　日期：

审批：
最高管理者：　　　　日期：

仪器设备验收单

单位名称：

设备名称		规格型号	
出厂编号		生产厂商	
购置部门		购置日期	
验收日期		验收人员	

	验收项目	验收检查内容	验收记录
验收情况	包装检查	包装完整，无损坏、碰撞现象	
	资料检查	说明书、合格证、图纸、保修卡、装箱清单等技术资料齐备	
	外观检查	外观完好，无破损及脏污	
	附件检查	附件齐备	
	性能检查	准确度、精度等满足要求	
	其他检查	指定项目满足采购需求	

验收结论	□合格　　　　　□不合格，需厂家整改　　　　　□退换 验收人签名：　　　　　日期：
验收签字	验收人
备注	

仪器设备使用记录

单位名称：　　　　　　　记录编号：

使用日期	使用人	用途	使用前状况	使用后状况	备注
			□正常　□异常	□正常　□异常	
			□正常　□异常	□正常　□异常	
			□正常　□异常	□正常　□异常	
			□正常　□异常	□正常　□异常	
			□正常　□异常	□正常　□异常	
			□正常　□异常	□正常　□异常	
			□正常　□异常	□正常　□异常	
			□正常　□异常	□正常　□异常	
			□正常　□异常	□正常　□异常	
			□正常　□异常	□正常　□异常	
			□正常　□异常	□正常　□异常	
			□正常　□异常	□正常　□异常	
			□正常　□异常	□正常　□异常	
			□正常　□异常	□正常　□异常	
			□正常　□异常	□正常　□异常	
			□正常　□异常	□正常　□异常	

异常情况说明：

仪器设备档案目录

单位名称：

仪器名称		型号		仪器编号	
案卷顺序号	案卷名称			备注	
1	□仪器设备管理卡				
2	□制造商设备使用说明书				
3	□出厂合格证				
4	□购置申请				
5	□验收单				
6	□校准报告有效性确认记录				
7	□检定校准证书				
8	□设备使用记录				
9	□维护保养记录				
10	□期间核查记录				
11	□设备的购置发票（复印件）				
12	□维修、改装记录				
13	□其他				

仪器设备维护保养计划

单位名称:

设备编号	设备名称	型号规格	出厂编号	保养周期	维护保养内容	计划实施时间	责任人	备注

编制: 审核: 日期: 年 月 日

仪器设备维护记录表

单位名称：

仪器设备名称		设备编号	
型号		维护周期	
维护日期	维护内容	其他维护内容或异常情况说明	维护人

外出设备借用管理登记台账

单位名称：

设备名称	设备编号	借用日期	任务单（合同）编号	借用人	借出时/归还时状态	归还日期	管理人	备注

仪器设备维修申请表

单位名称：

设备名称		设备编号	
设备型号		申请维修部门	

申报	故障情况： 申报人：　　　　　年　月　日
处置	处置意见： 批准人：　　　　　年　月　日
维修	<table><tr><td>维修单位</td><td></td><td>维修时间</td><td></td></tr><tr><td>联系人</td><td></td><td>联系电话</td><td></td></tr></table>维修情况： 记录人：　　　　　年　月　日
验收	验收结果： 验收人：　　　　　年　月　日

注：此表格交管理部门存入设备档案。

仪器设备停用（报废）申请表

单位名称：

仪器设备停用/报废		申请日期	
申请人		设备存放位置	
设备名称及编号		规格型号	
量程及准确度		生产厂家及出厂编号	
仪器设备用途			

报废理由：
设备管理员： 年　月　日

技术负责人意见：
技术负责人： 年　月　日

最高管理者意见：
最高管理者： 年　月　日

停用仪器设备启用申请表

单位名称：

设备名称	
生产厂家	
规格型号	
内部编号	
申请启用理由	□修复后重新启用　　　□检定/校准合格后重新启用 □比对符合后重新启用　□功能检查后重新启用 　　　　　　　　　　　　申请人签字：　　　　　　日期：
审批意见	 　　　　　　　　　　　　签字：　　　　　　　　　日期：
批准意见	 　　　　　　　　　　　　签字：　　　　　　　　　日期：
备注	

使用外部设备登记表

设备名称		编号		型号规格	
数量		日期			

具体要求（性能要求、拟借用单位、借用时间等）：

申请原因：

申请人：　　　年　月　日

批准意见：

技术负责人：　　　年　月　日

单位名称：

期间核查控制程序

1 目的

保持参考标准、标准物质和仪器设备校准状态（上级计量机构对它们的实测值及其测量不确定度）在两次校准期间的可信度，降低由于它们的校准状态发生异常变化造成其量值失准给检测结果的正确可靠带来的风险。

2 适用范围

适用于使用频率较高，关键性能、量值易发生变化，使用环境恶劣的仪器设备和标准物质，在其检定或校准周期内进行期间核查控制管理。

3 职责

3.1 技术负责人

3.1.1 确认并组织编制需进行核查而且有条件实施核查的参考标准、标准物质和仪器设备目录。

3.1.2 审批核查方案。

3.1.3 组织核查有效性评审。

3.1.4 负责本程序文件的有效性。

3.2 设备管理员

负责组织期间核查计划的制定和监督管理。

3.3 检测组长和监督员

3.3.1 组织本检测室有关人员实施核查方案并及时总结经验，改进并完善此项工作；

3.3.2 监督核查人员按核查方案定期核查，认真做好核查记录；

3.3.3 对核查发现的校准状态的异常变化及时组织有关人员查找原因并给出相应的处理。

3.4 综合办公室

负责期间核查记录/报告的归档保存。

4 程序

4.1 对于没有方法来源的仪器设备，可以自己编制作业指导书。期间核查的方法内容应规定在仪器设备操作维护规程等作业指导书中。

4.2 成本和风险的均衡。期间核查可以提高检测质量的可靠性，降低出错的风险，但并不能完全排除风险。期间核查的实施以及实施频次应结合检测机构自身的特点寻求成本和风险的平衡点。此外，通常一次期间核查的费用应比一次检定或校准的费用少。如果一次（必需的）期间核查的费用超过委托外单位检定或校准的费用，则可以采用委托外单位检定或校准。

4.3 期间核查的方法。

4.3.1 采用高一精度等级的仪器设备或有证标准物质进行核查。核查不是再校准,但校准的某些方法可用于核查。标准物质包括各种标准样品、标准仪器。

使用标准物质核查时应注意所用的标准物质的量值能够溯源,并且有效。如天平使用标准砝码进行期间核查,有些设备可以采用定值标准物质进行核查等。

4.3.2 采用同等精度的仪器设备进行比对。

检测室有多台相同或类似的仪器,可以同另一台相同或更高精度的仪器进行比对。如果只有一台仪器,可以参加法定计量检定机构组织的仪器比对或实验室之间的仪器比对。

4.3.3 选用稳定性好、灵敏度高的样品在不同时间进行多次重复检验(留样复测),并采用统计技术对每次测量结果进行评估。

只要保留的样品性能(测试的量值)稳定,不要求有保证的参考值,也可以用来作为期间核查的核查标准。

4.3.4 使用不同检测方法进行比对。

如对一些检测仪器使用常规的两种检测方法进行比对等。

4.3.5 使用仪器附带设备核查。

有些仪器自带校准设备,有的还带有自动校准系统,可以用来核查。如电子天平往往自带一个标准工作砝码并且能够核查。某些新型大型分析仪器往往自带核查系统和自动核查程序。

4.3.6 对样品不同特性检验结果的相关性进行验算评估等。

4.4 制定期间核查方案(计划)。

4.4.1 期间核查计划应该包括仪器设备名称、型号规格、编号、期间核查的日期或频次、检查方法依据、核查指标、判断原则,执行人、记录方式等。没有方法的,应制定与设备有关的期间核查作业指导书。

4.4.2 实验室根据各仪器设备情况确定需要进行期间核查的对象。

4.4.3 相关检测人员选择核查方法,确定检查间隔及结果评定要求,并在各个仪器设备的操作规程中规定该设备的期间核查程序。

4.4.4 技术负责人需对进行期间核查的方案进行审批后,检测人员按照计划组织实施。

4.5 期间核查的实施。

检测人员按照期间核查计划和方案组织实施期间核查。

4.5.1 曾经过载或处置不当、给出可疑结果,或已经显示出缺陷、超出规定限度的设备,均应停止使用。这些设备应予以隔离以防误用,也可加贴标签、标记以清晰表明该设备已经停用,直到修复并通过校准或测试表明能够正常工作为止。检测室应该核查这些缺陷或偏离规定极限对先前的检测/校准的影响,并执行《不符合工作控制程序》。

4.5.2 无论什么原因,若设备脱离了检测室的直接控制,检测室应确保该设备返回后,在使用前对其功能和校准状态进行期间核查并能显示满意结果。

4.5.3 当需要利用期间核查以保持设备校准状态的可信度时,该仪器设备应按照其操作规程的程序进行期间核查。

4.5.4 检测员按照期间核查方案准时按要求开展期间核查并做出期间核查记录。

4.5.5 技术负责人负责对检查结果进行确认。

4.5.6 经期间核查确认失准的仪器按《检测设备和设施管理程序》和启动《纠正措施和预防措施管理程序》执行。

4.6 标准物质的期间核查。可能和适用时，检测室应对标准物质（包括参考标准、基准、传递标准、工作标准等）进行期间核查。

检测室标准物质在使用期间应按计划进行期间核查，核查可根据检测工作的实际，从标准物质的性状是否有异常变化、储存环境是否符合要求等方面着手。如果在期间核查中发现标准物质已经发生分解、产生异构体、浓度降低等特性变化，应立即停止使用，并追溯对之前检测结果的影响，执行《不符合工作控制程序》。

4.7 计划外的期间核查。检测人员应按计划实施期间核查。当出现以下情况时，检测室也应考虑实施期间核查：

4.7.1 因使用环境条件发生变化，如温度、湿度变化较大，有可能引起仪器的准确性发生变化；

4.7.2 在检测过程中发现数据可疑，对仪器设备提出怀疑时；

4.7.3 重要的检测，发生重大环境事故、作为仲裁或有争议时；

4.7.4 维修或搬迁后等。

4.8 期间核查记录的保存

4.8.1 期间核查计划及记录应交综合办公室归入设备档案中。

4.8.2 每年的管理评审活动中应对进行期间核查的设备和标准物质类别、方法可行性等内容是否需要增加或改进加以评审，以做出可能及必要的更改。期间核查规程编写人员应根据要求及时对规程进行调整，设备管理员应及时对期间核查计划进行调整。

5 相关文件

5.1 《检测设备和设施管理程序》

5.2 《纠正措施和预防措施管理程序》

5.3 《不符合工作控制程序》

6 相关记录

6.1 仪器设备期间核查计划表

6.2 仪器设备期间核查记录表

6.3 仪器设备期间核查情况登记表

仪器设备期间核查计划表

单位名称：

序号	设备编号	仪器设备基本情况					计划核查日期	核查方式	核查人员
		名称	型号规格	检定周期	有效期				

编制： 审核： 日期： 年 月 日

注："核查方式"一栏填写比对、验证、比较、测定或其他。

仪器设备期间核查记录表

单位名称：

设备名称		规格型号	
设备编号		检定/校准周期	
最近检定/校准日期		本次核查日期	
检测环境	温度： ℃；相对湿度： %		
序号	核查内容	核查结果	单项评定
核查依据	核查人： 时间： 年 月 日		
核查结论	审核人： 时间： 年 月 日		

仪器设备期间核查情况登记表

单位名称：

序号	设备名称	设备编号	规格型号	检定/校准周期	检定/校准日期	核查方式	核查人员	核查日期	核查结果	备注

审核：　　　　　　　　　　　　　　　　日期：　　年　月

填表："核查方式"一栏填写比对、验证、比较、测定或其他。

量值溯源控制程序

1 目的

为保持在用检测仪器设备的量值准确可靠，确保检测结果的准确可靠，必须对测量和试验设备的溯源性进行有效控制，特制定本程序。

2 适用范围

2.1 适用于对检测结果准确性或有效性有影响的仪器设备和标准物质量值溯源。

2.2 新购置的、在用的、改装或修理后的、自制的、停用时间超过检定/校准周期所用的仪器设备、量具的量值溯源。

3 职责

3.1 技术负责人

3.1.1 审核批准仪器设备确认总体要求和仪器设备检定/校准溯源计划。

3.1.2 负责维护本程序的有效性。

3.2 各功能室负责人

3.2.1 协助设备管理员制定仪器设备确认的总体要求、检定/校准计划，做好仪器设备的管理。

3.2.2 协助设备管理员做好检定/校准工作并组织实施仪器设备的验证。

3.2.3 督促本室人员按检定/校准结果使用仪器设备。

3.2.4 做好仪器设备期间核查工作。

3.3 设备管理员

3.3.1 制定仪器设备确认的总体要求和年度仪器设备检定/校准计划。

3.3.2 联络检定/校准事宜，并组织送检定/校准。

3.3.3 负责仪器设备档案和标识的管理。

3.3.4 保证仪器设备溯源结果及时提供给检测人员。

3.3.5 汇总年度仪器设备期间核查计划，并督促计划的实施。

4 程序

4.1 制定溯源总体要求

4.1.1 设备管理员根据仪器设备的使用和检定/校准情况，制定仪器设备检定/校准确认的总体要求，在总体要求中应明确仪器设备检定/校准、维护保养、使用、确认、期间核查等。该检定/校准计划应当包含一个用于检测设备进行选择、使用、检定/校准、核查、控制和维护的系统。

4.1.2 适用时，设备管理员应会同相关人员绘制量值溯源方框图。

如不能溯源到国家标准，技术负责人应采取设备比对、能力验证、试验间比对、两次校准之间的核查等方式，来证明所用仪器设备满足检测要求。

4.2 溯源计划的编制和审批

制定仪器设备检定/校准计划：

（1）每年年初由仪器设备管理员编制仪器设备检定计划，报技术负责人批准。检定计划应进行动态管理，如仪器设备状态发生变化（新购置、停用、重新启用、报废等），检定计划应进行相应更改，检定计划的更改应报技术负责人批准。

（2）仪器设备管理员根据检定计划，提前一个月与法定计量检定机构或质量技术监督部门授权的计量检定机构联系，送检或现场检定的日期提前5天通知有关检测业务部门。检测业务部门做好准备工作，并协助送检或现场检定。仪器设备管理员在仪器设备检定后及时在检定计划及实施记录表中记录，并将检定结果和证书归档。

（3）外部计量检定服务机构必须是能出具相应资格、测量能力和溯源性证明的法定计量机构或授权机构。综合办公室应保存其相应的资质证明档案。

（4）对无检定规程、标准、相关技术资料，或无法溯源到国家基准，或国内法定计量检定机构无法检定的仪器设备，可通过自校或检验检测机构间验证比对试验，证明其符合要求。自校仪器设备应由检测部门技术人员编写自校规程，检测室负责人审核、技术负责人批准。

（5）仪器设备自校及检测过程中，应首先使用国家质量技术监督局批准颁布的具有有效证书的标准物质，保证能溯源到国家基准；当无此类标准物质时，应采用能保证质量、行业认同的标准物质，并经质量负责人批准。

（6）所使用的仪器设备，必须具有有效的检定（校准、比对）证书（报告）。如发现使用未经检定（校准）或检定（校准）不合格的仪器设备，应立即停止检测，并对此期间出具的数据有效性给出相应评价。对因特殊情况需使用超过检定周期的仪器设备进行检测，必须执行《例外允许偏离程序》，填写允许偏离申请表，并经技术负责人批准，待检测活动结束后立即组织检定，同时评价检测数据的有效性。

4.3 不能溯源的仪器

4.3.1 不能溯源的仪器的量值，技术负责人应组织编写量值验证/比对的作业指导书，并对此类作业指导书评审及批准。

4.3.2 技术负责人负责不能溯源的仪器设备量值验证/比对的实施。

4.4 校准结果的确认

4.4.1 仪器设备的使用人员应对校准后仪器设备的量值溯源结果进行确认，以保证校准后的仪器设备能够满足使用要求。确认是溯源活动的第二阶段工作，该项工作包括对校准证书所载明的有效信息、校准准确性和有效性的确认。

4.4.2 校准（验证/比对）结果获得确认后，设备管理员粘贴"绿色"校准状态标志，表明校准结果符合承检能力的要求。经校准（验证/比对）达不到使用要求的，应粘贴"红色"校准状态标识，表示停用。经校准（验证/比对）证明性能下降，但仍可以使用的，应粘贴"黄色"校准状态标识，表明限制使用。粘贴"黄色"标识的仪器应当在作业指导书中给出限用警示说明。仪器设备和量具的管理见《仪器设备的控制与管理程序》。

4.5 期间检查

4.5.1 为保证测量仪器的校准状态，设备管理员应根据所用仪器设备的性能特性、使用频度使用环境制定期间核查计划。在计划中应规定使用的核查标准，核查量值校准状态偏离与否的方法，核查周期，核查人员、核查记录、量值失准等的报告形式。

4.5.2 核查应尽可能使用统计技术方法观察核查数据的变化趋势。

4.5.3 当检测人员发现仪器设备检定/校准状态的变化超过规定值时，应立即报告技术负责人和检测室负责人，查找原因，必要时应追溯用该仪器设备检测的数据及检测报告。期间核查的检查效果应进行记录，并报设备管理员存档。

4.5.4 新购置、改装、修理后仪器设备、量具、启用超过检定/校准周期的设备，均应按照本程序的要求履行量值的溯源，以充分保证检测量值的准确和有效。

4.5.5 设备管理员、检测人员和质量监督员应经常检查仪器设备的检定/校准标志，以维护仪器设备使用的有效性。

4.6 溯源计划的调整和公告

4.6.1 无论何种原因，若需对计划中的周期和溯源单位进行变更，应由变更提出的部室做出书面申请，技术负责人批准后执行。同时执行《服务和供应品控制程序》对新选择的溯源单位进行评价。

4.6.2 当上述调整影响到设备和标准物质溯源时间的衔接时，造成设备和标准物质溯源脱节，必要时可先进行例外允许偏离活动，完成后执行《不符合检测工作的处理控制程序》。

4.7 溯源计划的实施

4.7.1 设备管理员至少提前1个月与有关溯源机构联系，确定设备送检时间，并将时间安排通过内部沟通渠道传达到送检设备所在的部门。对比对或功能检查的检测设备，也应提前1个月通知相关人员和相关部门，以做好准备。

4.7.2 由外部机构到机构现场进行溯源的活动的控制流程：

（1）综合办公室应提前1天告知设备所在的检测部门溯源工作安排，综合办公室应做好外来人员的接待和后勤保障工作。

（2）综合办公室应做好外来溯源机构人员的引导和协调工作，在进入检测区域时做好必要的安全事项和注意事项的告知，具备相应的权利和义务。

（3）在对关键设备进行溯源时，设备使用部门应提供溯源设备的关键量或值，保障校准活动的有效性。

（4）设备使用部门应做好现场的技术协调和溯源人员的操作监督工作。当溯源人员违背技术要求或原理操作设备时，设备使用部门的陪同人员有权要求其暂停工作。

（5）必要时可用音像记录来固定溯源的过程，形成影像记录。

4.7.3 送到外部机构进行溯源的活动的控制流程：

（1）综合办公室根据要求提前通知溯源设备所在使用部门，设备使用部门应按约定的时间将设备提交给设备管理员。设备管理员在接收设备送检前应与使用部门对设备的状态进行确认，避免将失效设备送外溯源。

（2）综合办公室应安排车辆投送和领取溯源设备，送到外部的设备应详细登记送出溯源的设备信息，包括随设备送出的附件、部件或技术资料。

（3）设备管理员在按约定的时间领取设备及所有随附资料或部件时，应现场检查设备外观，当发现异常时应和溯源机构进行确认和沟通。

4.8 溯源计划实施后的验收

4.8.1 设备管理员应及时将溯源设备和标准物质的溯源证书复印件状态标签提交给设备使用部门。

4.8.2 当溯源机构明确告知送检的设备和标准物质失效时，使用部门应立即停止使用，并执行《检测设备和设施管理程序》中有关的要求。

4.8.3 所有脱离了使用部门直接控制的设备和标准物质领回后，应由设备和标准物质使用部门进行状态和功能确认，以确保设备和标准物质状态和功能正常开展工作，若发现异常，外送设备由设备管理员与溯源机构进行沟通，并执行《检测设备和设施管理程序》。

4.8.4 只要获得了溯源证书（检定证书、校准证书），设备使用部门应在3个工作日内根据要求完成对证书内容的有效性核查。

（1）当证书有效时，则填写绿色标签，写明上次溯源日期和再校准或失效日期，并贴在对应的设备上，注意所有设备上只能有一个状态标签，旧的标签必须覆盖或清除。

（2）当因溯源机构原因将本机构信息、设备信息、数据或结论写错时，应要求溯源机构出具新的证书。

（3）当溯源数据显示设备异常时应执行设备停用手续，分析原因后按《检测设备和设施管理程序》要求进行。

4.9 无法溯源设备的控制

4.9.1 当存在无法溯源到国家基础标准的设备（没有相应的国家检定规程或校准规程），且该设备对检测的准确性会产生影响时，应由综合办公室统计清单或在设备一览表中标注。

4.9.2 由相关部门或人员根据服务和供应品控制程序选择合格的比对机构。

4.9.3 技术负责人应组织设备使用部门，根据设备提供的说明书信息和检测目的及检测数据要求，制定比对实施方案，明确比对的方式何时进行、检测步骤如何开展、检测哪些参数、评判指标等内容。

4.9.4 综合办公室应优先选择合格供应商和外部支持服务方名录中的比对机构，将比对方案提供给比对机构，获得比对方认可。当需要对比对方案进行修订时，由技术负责人直接与提供比对的机构进行联系和沟通。

4.9.5 当比对方案双方认可后，检测室与比对机构按方案实施比对。

4.9.6 质量负责人应指派质量监督员对相关部门实施的检测过程进行监督。

4.9.7 必要时质量负责人应向提供比对的机构提出观察对方的检测过程的要求。

4.9.8 综合办公室应积极与比对机构进行沟通，保证按约定时间获得比对数据或报告，并上报给技术负责人。

4.9.9 比对的部门应根据比对实施方案要求按时地将比对数据（如原始记录、计算过程记录等）整理后上报给技术负责人。

4.9.10 由技术负责人核查相关报告和数据，并根据比对实施方案中的评判指标识别双方的数据是否在约定的室间质控范围内，以识别比对活动的有效性。

4.9.11 当比对无效时应进行复检，必要时更新设备或增加外部比对方的数量或重新选择比对机构,直至比对结果显示设备性能正常,检测结果满意。

4.9.12 综合办公室负责比对方案、双方所有形成的比对数据或报告的存档工作。

4.10 溯源信息的应用

4.10.1 设备管理员应根据证书信息编制设备的溯源图。

4.10.2 设备管理员应将所有的证书、比对数据归入对应的设备档案内。

4.10.3 技术负责人应将设备溯源和可能的比对情况写成总结,输入管理评审报告中。

4.10.4 设备管理员根据设备变动情况、溯源机构变动情况及时调整设备溯源计划。

5 引用文件

5.1 《检测设备和设施管理程序》

5.2 《标准物质控制管理程序》

6 相关记录

6.1 仪器设备检定/校准、确认总体计划表

6.2 仪器设备计量管理情况登记表

6.3 溯源校准证书确认记录

仪器设备检定/校准、确认总体计划表

单位名称：

序号	设备名称	技术性能			量值溯源			确认方式	期间核查		使用		维护		控制措施
		量程	准确度	方法	机构	周期（月）			方式	周期（月）	条件	是否受控	项目	周期（月）	

编制： 审核： 日期： 年 月 日

仪器设备计量管理情况登记表

单位名称：

序号	设备名称	设备编号	规格型号	计量管理方式	检定（校验）周期	检定（校验）单位	检定（校验）日期	有效日期	是否需要期间核查	备注

填表： 审核： 日期： 年 月 日

注："计量管理方式"一栏填写Ⅰ类、Ⅱ类、Ⅲ类（依据《公路工程试验检测仪器设备检定/校准指导手册》）。

溯源校准证书确认记录

仪器名称			型号及编号		校准日期	
证书编号			校准单位			
溯源证明材料要素		校准单位名称与印章一致，CNAS（中国合格评定国家认可委员会）认可实验室证书上有认可标识				是□ 否□
		送检单位及地址与实际情况相符				是□ 否□
		仪器名称、型号（规格）、出厂编号、制造商与溯源设备相符				是□ 否□
		有校准员、审核员、批准人签字				是□ 否□
		有校准日期、时间，填写符合规程、规范要求				是□ 否□
		有校准专用章及骑缝章				是□ 否□
		有溯源单位为法定计量检定机构或CNAS认可机构的相关信息				是□ 否□
		有溯源单位地址、电话等联系方式				是□ 否□
		有主要计量标准器名称、型号、出厂编号、有效期、用作量传时设备在有效期内				是□ 否□
		有校准地点及环境条件信息，符合规程、规范要求				是□ 否□
		有校准数据、数据结束处有终止符及"以下空白"声明				是□ 否□
依据文件的有效性		依据的技术文件现行有效				是□ 否□
量值范围的覆盖性		溯源证明材料给出的测量范围满足实际使用要求				是□ 否□
校准项目、数据齐全性		依据要求的技术规范的校准项目进行校准，数据按照技术规范要求校准，满足使用要求，齐全				是□ 否□
校准数据						
测量设备功能检查						
结论						
备注						
确认人				确认日期		

标准物质控制管理程序

1 目的

对标准物质实施有效的控制与管理,确保其完整性和有效性,可能时,标准物质应溯源到 SI 测量单位或有证标准物质。

2 适用范围

2.1 标准物质的采购与验收
2.2 入库与保管
2.3 验证与使用
2.4 标识与档案管理

3 职责

3.1 检验室负责人
3.1.1 列出标准物质的使用目录及等级要求。
3.1.2 提出标准物质的验收、保管、使用、降级、报废要求。
3.1.3 组织标准物质的验收。
3.2 检验检测员
3.2.1 按照标准物质的保管、使用的要求正确使用标准物质。
3.2.2 做好标准物质使用记录。
3.3 仪器设备管理员
3.3.1 建立标准物质档案。
3.3.2 粘贴管理标识。
3.3.3 维护标准物质的贮存环境。
3.4 技术负责人
3.4.1 批准标准物质的采购、使用、降级和报废。
3.4.2 发现标准物质存在缺陷时组织对可能产生的影响进行追溯。
3.5 技术负责人应当维护本程序的有效性。

4 程序

4.1 标准物质的采购与验收

4.1.1 检验室负责人应列出本部门检测所用标准物质的目录、数量及质量指标并据此提出采购计划。制定的采购计划报技术负责人审核批准。

4.1.2 采购人员应选择有质量保证的标准物质。质量保证的模式通常有:
(1)获得国家标准物质生产许可证;
(2)有计量部门出具证书证明其级别和不确定度;
(3)出厂期不超过一年(或保质期内的);

（4）符合国家或行业标准且附有质量合格证明的工程实物标准。

4.1.3 到货的标准物质，使用部门应组织逐一验收。验收可采用新购-在用标准物质的比对方式。若新购标准物质与在用标准物质的误差在规定范围之内，则新购标准物质可以被批准投入使用。验收人员应认真做好验收记录。

4.1.4 进口标准物质应遵循本程序文件4.2.4的要求，先定值后使用。

4.2 标准物质的贮存与定值

4.2.1 验收合格的标准物质应由仪器设备管理员在包装容器上粘贴"绿色合格"标识，按照国家级、参考级、工作参考级分类办理入库登记。

4.2.2 入库后的标准物质应遵循标准物质说明书中的要求和保存规定进行贮存。对有危害的标准物质应实施安全隔离。要求贮存环境条件较高的标准物质，其贮存环境应建立监控系统，必要时应规定环境记录的要求。

4.2.3 超过检定有效期或保质期的标准物质，仪器设备管理员应及时粘贴"红色停用"标识，防止误用。

4.2.4 仪器设备管理员应有计划地将过期的标准物质送计量检定机构进行定值。定值活动应执行《实现测量可溯源程序》。标准物质的溯源链应遵循国家计量检定系统框图。

4.2.5 定值合格的标准物质由仪器设备管理员粘贴"绿色合格"标识仍按原等级使用。定值达不到原等级要求的，可根据实际等级，经技术负责人批准后降级使用，注明使用等级，粘贴"黄色限用"标识，警示限制使用。

4.2.6 经溯源定值达不到使用要求的标准物质，应由仪器设备管理品粘贴"红色停用"标识，集中处理。

4.3 标准物质的更新替换

4.3.1 标准物质在更新替换时应将两者进行比对，若证明比对误差在合理的范围之内，则应由技术负责人给予批准更新使用。

4.3.2 检验室负责人应将比对结果送至仪器设备管理员存入标准物质的档案。

4.4 标准溶液的配制

4.4.1 检验室负责人应指定标准溶液的配制标准。当无依据标准时，检验室负责人应制定标准溶液配制作业指导书。

4.4.2 编制后的标准溶液配制作业指导书应安排操作验证，验证合格后由技术负责人批准实施。

4.4.3 配制标准溶液所用的玻璃量器一定要经过计量校准合格且带有修正数值的标准证书。

4.4.4 配制好的标准溶液一定要注明配制日期、配制人、溶液名称和溶液的浓度等，并放置在避光、通风处保管，对有特殊要求的标准溶液应在符合要求的环境中贮存。

4.4.5 标准溶液的存放期不得超过保质期。对超过保质期的标准溶液应当进行有效性验证，不符合有效性的应当停止使用。

4.5 使用

4.5.1 设备管理员应对标准物质的领出时间、领取人员进行登记，保证标准物质的使用能被追溯。

4.5.2 领用人员领取标准物质时必须检查其是否在合格或准用有效期内，并填写标准物质使用登记表，用完后登记，并放归原处。对经常使用的，应由专管人员定固定存放地点，以便使用和检查。

4.5.3 检测人员应在对应的检测原始信息中记录领取的标准物质被使用的记录，如批号。

4.6 核查

4.6.1 综合办公室应每季度对库存标准物质进行核查，锈蚀、破损和超过有效期的标准物质应停用。锈蚀、破损的应停止使用并办理报废手续，超期的应按溯源要求送检。

4.6.2 使用部门可按要求每半年对标准物质进行期间核查，以保持其状态的有效性，且通过核查确保标准物质能够溯源到 SI 测量单位或有证标准物质，详见《期间核查控制程序》和《量值溯源控制程序》。

4.7 处置

到期的标准物质应从存放点取出报废，应清晰标识，分区存放，定期清理，以防误用。保管人填写过期/变质标准物质处理审批表，经技术负责人批准后销毁。销毁时必须注意安全并防止污染环境，做好无害化处理。

4.8 标准物质的档案

仪器设备管理员应建立在用标准物质的档案。标准物质档案的内容应包含：

（1）标准物质的名称及编号；
（2）生产制造商；
（3）制造和购买时间；
（4）标准物质的等级；
（5）标准物质的量值和准确度；
（6）标准物质的最低库存量；
（7）标准物质的有效期；
（8）领用人和领用量登记；
（9）标准物质更新替换时的验证和比对记录；
（10）其他使用信息。

5 引用文件

5.1　《期间核查控制程序》
5.2　《量值溯源控制程序》
5.3　《服务和供应品控制程序》

6 相关记录

6.1　参考标准、有证标准物质一览表
6.2　实验室仪器设备（参考标准、有证标准物质）一览表
6.3　标准物质使用登记表
6.4　标准物质核查记录
6.5　过期/变质标准物质处理登记表
6.6　标准溶液配制记录

参考标准、有证标准物质一览表

单位名称:

序号	名称	管理编号	规格型号	生产厂家	出厂日期	出厂编号	检定/校准周期	检定/校准有效期	准确度	备注

填表: 审核: 日期: 年 月 日

注:"准确度"一栏按照准确度等级、最大允许误差、不确定度三类填写。

实验室仪器设备(参考标准、有证标准物质)一览表

单位名称:

序号	设备名称	设备编号	型号规格	生产厂家	出厂日期	出厂编号	购置日期	测量范围	准确度	检定/校准周期	备注

审核: 日期: 年 月 日

填表注:1. 参考标准、有证标准物质应在一览表的最后集中填写,并在"备注"一栏做标识;
       2. "准确度"一栏按照准确度等级、最大允许误差、不确定度三类填写。

标准物质使用登记表

单位名称：

序号	标准物质名称	领用日期	领用数量	领用人签字	归还日期	归还数量	归还人签字	备注

标准物质核查记录

单位名称:

序号	标准物质名称	标准物质批号	保存条件	是否有证书	数量	是否在有效期	核查内容							核查人	备注
							标识是否齐全	容器是否损伤	外观有无变化	颜色是否变化	有无板结现象	有无潮解/降解现象	处理方法		

填表:　　　　　　　　　　审核:　　　　　　　　　　日期:　　年　月　日

过期/变质标准物质处理登记表

单位名称:

序号	标准物质名称	标准物质编号	浓度或规格	失效日期	处理日期	处理方式	处理人	备注

填表： 审核： 日期： 年 月 日

注：未进行详细说明，上述过期标准物质处理方式按本实验室标准物质控制管理程序处理。

标准溶液配制记录

单位名称：

溶液名称	溶液浓度	介质	配制依据	用途	配制日期/有效期限	配制数量	配料人	备注

质量目标考核程序

1 范围

本程序规定了实验室所有人员的质量目标考核及奖惩内容。

2 目的

实施质量目标管理程序，以标准规范规程为依据，以严谨的科学管理为基础，严格计量管理，及时、准确地为客户提供优质服务。

3 内容

3.1 检测数据的准确性

3.1.1 实验室负责仪器设备的定期清洗、保养，仪器设备使用记录的填写及检测数据的获得，检测原始记录的填写及数据处理。

3.1.2 原始记录是检验员在检测工作时的最初始信息，检测人员应认真用签字笔填写。填写的内容要完整、清晰。原始记录一般不允许涂改，若确实有误需要更正，应在有误数据上画双水平横线，在原数据右上方填上正确数据，本人亲笔签名。

3.1.3 技术负责人、质量负责人、内审员监督检测数据的获得及记录的填写，以保证检测数据的准确率。

3.2 检测报告的正确率

3.2.1 检测报告按照上级主管部门批准的格式，由实验室统一印制。

3.2.2 出具报告时认真审核原始记录，做到数据准确、完善，字迹规范、清晰，严禁涂改、补贴，使用术语准确。全部数据均采用法定计量单位。

3.2.3 严格执行三级审核制度即报告人、审核人、签发人，须签名，不得盖章。签发人应由实验室授权人员并经计量主管部门核准人员担任，并在核准的范围内签发。审核人和签发人审核时发现问题，应退给报告人，不得自行更改。

4 记录表格

年度质量方针与质量目标实现检查表

年度质量方针与质量目标实现检查表

质量方针	质量目标	部门质量目标值	实施情况或结果	存在差距	改进措施或建议	检查人员

编制：　　　　　　　　　　审核：　　　　　　　　　　日期：　年　月　日

维护公正和诚信控制管理程序

1 目的

确保机构全体员工不受任何来自不正当的商业、财务和其他方面的内外部压力或影响，保证对检验检测工作的公正性、独立性和诚信性。

2 适用范围

适用于机构内所有开展的检测服务活动。

3 职责

3.1 最高管理者负责发布公正性声明和诚信检验承诺书，对公正、诚信承担相关法律责任。

3.2 综合办公室负责收集客户、计量认证等其他外部机构、组织、个人对机构公正性和诚信性活动实施情况的无论是正面还是负面的评价。

3.3 全体员工按公正性声明要求开展体系活动。

4 程序

4.1 保证公正性和诚信性活动的识别、实施检测

4.1.1 最高管理者应组织管理层人员根据质量手册和《预防措施和改进程序》或体系改进要求识别机构内需要有哪些层次的文件来指导本机构的保证公正性和诚信性活动的实施，哪些现有文件需要改进，哪些改进要求需要写入现有文件中。以保证有文件化的要求来指导和维护机构的公正性和诚信性活动，预防出现体系活动的失效。

4.1.2 各职能部门和职能人员根据识别要求和任务参与编制/修订机构关于保证公正性和诚信性的管理程序、公正性声明、奖惩、廉正等规章制度。

4.1.3 质量负责人审核这些程序、声明、规章制度内容的符合性和可操作性。

4.1.4 最高管理者批准发布机构保证公正性和诚信性的程序、声明、规章制度，以确保机构工作人员免受来自不正当压力的影响。

4.1.5 综合办公室协助最高管理者将这些程序、声明、规章制度在机构内部进行培训和宣传，并将这些文件根据文件控制要求发放到对应的人员或场所，使所有人员了解、理解并执行这些文件要求。

4.1.6 在新进人员上岗前，必须对其行为进行公正性的培训，提醒其注意不正当行为的影响和危害。

4.1.7 机构保证对所有客户的检测服务都满足同样水平。检测人员经考核合格后，持证上岗、操作。检测工作必须严格按照管理体系文件所规定的程序、规程、方法进行，确保检测结果准确、可信。

4.2 保证公正性和诚信性活动的实施有效性的核查

4.2.1 综合办公室应动态地从外部的沟通、交流活动中收集外部各方（检测委托方、支持服务与供应商、计量认证审核机构等）对机构公正性和诚信性活动的评价。

4.2.2 当综合办公室或其部门人员本身存在违反本公司公正性和诚信性要求时，应由质量负责人或最高管理者授权的人员实施4.1.1条规定的活动。最高管理者如授权非质量负责人负责实施4.2.1条规定的活动，应有充分、合理、符合管理体系规定的理由和书面授权文件。

4.2.3 内审员负责在内部审核活动中，审核保证公正性和诚信性的程序、声明、规章制度的执行情况。

4.2.4 当通过服务客户、投诉、满意度调查、监督、内审等环节发现存在影响机构公正性和诚信性的活动时，应立即暂停被影响的工作，暂停活动实施人的相关权力，报告质量负责人，经调查属实后，可停止有关人员的工作，并采取纠正措施，必要时通知客户。

4.2.5 最高管理者应在一系列的内部沟通的活动中，对出现的影响公正性和诚信性的活动进行通报、启动调查、委派调查人员（符合4.1.2条的规定）、通报处理进展、处理意见、处理结果。在按相关程序进行纠正和原因分析后，由活动授权调查人给出处理意见报最高管理者，由最高管理者负责做出最终的处理要求。

4.2.6 当涉及外部机构、组织或个人时，综合办公室应及时将调查的进展、处理意见、处理结果反馈到对口的外部机构、组织或个人，并获得其对处理结果的反馈意见。

4.3 保证公正性和诚信性活动的实施活动结果的应用

4.3.1 质量负责人负责在年度管理评审会议中对机构保证公正性和诚信性的程序、声明、规章制度的执行情况进行总结汇报，并输入管理评审报告中。

4.3.2 综合办公室负责管理评审全部材料的收集、整理、归档、保管工作，并按4.2.1条的要求开展宣贯工作。

4.3.3 机构应确保其人员不受任何来自内外部的不正当的商业、财务和其他方面的压力和影响，并严禁商业贿赂。若违反本条规定，一经发现，立即开除。

5 引用文件

5.1 《不符合检测工作的处理控制程序》
5.2 《预防措施和改进程序》

保护客户机密信息和所有权程序

1 目的

为保护检测室及客户的机密信息和技术所有权,真正维护客户的权益,保护检测室的第三方公正地位,特制定本程序。

2 适用范围

2.1 客户提供的物品及其技术资料;

2.2 客户的专利权;

2.3 客户委托及送样检测结果的所有权;

2.4 对参加能力验证检验检测机构验证结果的保密;

2.5 机构内业务、质量、技术、行政文件资料的保密工作。

3 职责

3.1 最高管理者

落实保护客户机密信息和所有权的各项措施实施所需的资源和责任人,对员工进行保密和保护所有权的教育。

3.2 质量负责人

3.2.1 对各项保密和保护所有权措施的实施进行监督检查。

3.2.2 对监督检查中发现的问题及时向最高管理者报告。

3.2.3 批准借阅保密资料。

3.2.4 维护本程序的有效性。

3.3 资料管理员

按照本程序的要求做好技术文件和资料的保密管理。

3.4 样品管理员

3.4.1 认真做好与客户的样品交接。

3.4.2 做好样品在实验室内的传递交接记录,并对在检验过程中样品及资料的保密情况进行监督检查。

3.4.3 对违反保密的行为进行制止。

3.5 检测或校准人员

对检测或校准过程、原始记录、证书和报告内容做好保密工作。

4 程序

4.1 保密范围

4.1.1 委托方提供的样品、技术资料和申明要求保密的其他事项。

4.1.2 检测室开展检测工作仪器设备的各种建设资料和用于检测的特殊技术、有关方法、技术手段及措施。

4.1.3 质量活动记录、检测报告、原始记录等与检测有关的资料，检测室的发展方向等。

4.1.4 行政文件资料、人员档案资料和其他需保密的文件和资料。

4.2 保密情况处理

4.2.1 当检测委托方要求对检测样品及数据进行保密时：

（1）当委托方提出的保密要求不在常规保密活动控制范围内时，综合办公室或业务受理员应与委托方沟通，询问保密的原因（特别是涉及纠纷性的委托），共同商定保密的措施和方法。

（2）需要时应与委托方签订保密协议，将保密措施、方式、结果数据效力的代表性及有效性告知委托方，在委托方签字认证的情况下，根据《客户要求、标书和合同评审控制程序》签订委托协议书，受理委托，否则不予受理。

（3）业务受理后，业务受理部门或人员应对样品进行盲测处理，对样品的来源信息、可能的技术参数（如样品本身标注的检测等级、缺陷等级或焊接等级等）进行处理，使之不泄露样品的相关信息（检测中必须涉及的数据参数应告知检测人员）。

（4）检测室负责人应指定无利益关系的有检测资格的人员对样品进行检测，检测完毕后由指定人员出具报告，并对样品进行独立封存。

（5）检测过程应由质量监督员实施质量监督。

4.2.2 对检测数据、报告发放方式的保密和保护要求：

（1）在受理后，委托方更改报告的发放方式应由其出具书面的正式委托要求，具体见《客户要求、标书和合同评审控制程序》。

（2）检测数据在无疑问的情况下，检测人员不得私自联系并告知委托方。

（3）业务受理部门或人员在受理检测委托时，应与委托方确定检测报告及数据的传送方式（自取、邮递、电子邮件、传真等），并在委托单据中注明传送的具体方式，以及联系人、联系电话、电子邮件信箱等，防止检测报告的错误寄送或传达。

（4）检测报告及数据完成后应按约定的传送方式由业务受理部门或人员进行传送。向客户以电子方式（传真、电话、E-mail 等）传输结果、报告或需保密的有关数据时，应对传输对象予以确认，传输完毕后应要求对方对接收到的传输内容予以确认，并保留相关证据。具体方式根据《检测结果质量控制程序》要求进行。

4.2.3 一般检测过程保密保护要求：

（1）委托受理后，业务受理人员应将待检样品贴上样品标签后，归入样品存放区域或设施中，在无样品管理员陪同的情况下，无关人员不得入内，并根据《样品管理程序》进行控制。

（2）所有检测过程或现场，非客户单位的外来人员未经技术负责人或其委托人同意，不得擅自进入，经同意后需由检测人员陪同方可进入。

（3）与检测无关的人员不得接触检测样品客户提供的图纸、技术文件等涉及商业秘密的相关技术资料。

（4）检测过程的原始数据只能记录在原始记录表或检测系统中，不得随意记录，不得以任何形式扩散外传。

（5）检测报告出具后未经客户授权，不得将检测报告转交他人，不得擅自公布检测结果，并根据《检测结果质量控制程序》要求进行报告传送。

（6）机构内部留存的所有检测报告存档本及原始记录、技术资料、电子版本、电子数据由文件管理员妥善保存，并按《检测结果质量控制程序》管理，未经批准不得随意查阅、复制、刻录、复印、拍照、扫描、带出。

（7）电子数据和计算机保密保护要求根据《数据保护控制程序》进行。

4.2.4 机构工作人员应保守下列秘密，未经客户许可，不得透露：

（1）委托人提供的质量规格、价格条款、客户情况等有关合同、信用内容。

（2）委托人提供的具有专有权的配方、工艺及内部标准。

（3）委托人申明的其他需要保密的事项。

4.2.5 未经最高管理者批准不得透露以下秘密：

（1）属保密范围的文件和内部资料。

（2）工作计划、总结、技术统计以及科研、制定标准中需要保密的内容。

（3）检验原始记录、检测报告。

（4）质量普查与质量分析报告。

（5）承担或参与的科研课题在未完成前，未经许可，不得向外界透露有关细节。

（6）其他需要保密的资料信息。

4.2.6 电子存储的客户机密信息保护应符合《数据保护控制程序》。

4.2.7 质量负责人应对造成泄密的根本原因进行评审，责成有关部门制定纠正措施进行纠正，并跟踪验证其有效性。若是相关的程序文件造成的不适应，则应进行文件的修订。

4.2.8 对内部人员违反程序规定，造成泄密者，质量负责人负责对泄密事件结果组织讨论、处理和总结，并将处理意见报最高管理者，由最高管理者召开相关会议做出处理决定。

5 相关文件

5.1 《维护公正和诚信控制管理程序》

5.2 《文件管理控制程序》

5.3 《服务客户程序》

5.4 《处理投诉的程序》

5.5 《数据保护控制程序》

5.6 《检测结果质量控制程序》

文件管理控制程序

1 目的

对与质量体系有关的文件进行控制，确保质量检测室各有关场所使用的标准及文件资料为最新和有效，从而指导检测工作始终正确地进行。

2 适用范围

适用于与质量体系有关的文件和资料的编制、审核、批准、发放、更改、换版及日常管理。受控文件及标准资料的种类如下：

2.1 质量手册、程序文件、作业指导书、质量记录等质量体系文件。

2.2 各类标准单行本、标准汇编和国家颁布的专业技术法典等。

2.3 指令性检测任务的检测计划、取样方案、检测细则和总结报告等。

2.4 各类工作计划、考核资料和工作总结等。

3 职责

3.1 最高管理者负责质量手册和程序文件的批准发布和发放范围的确定。

3.2 质量负责人负责组织质量手册、程序文件等相关质量管理文件的编写及其有效性维护。

3.3 技术负责人负责组织作业指导书等技术性文件的编写并批准，负责检测室使用标准的确认和批准，并负责确定上述文件的发放对象。

3.4 检测组检测人员负责所承担项目的作业指导书及相关工作程序文件的编写，检测组组长负责上述文件的审核。

3.5 业务组负责样品抽取指导书、有关业务管理程序的编写和业务文件的起草、汇编和印制。

3.6 档案管理人员负责本程序所述各类文件的回收和归档管理工作。

3.7 综合办公室负责行政文件的起草、汇编和印制。

4 程序

4.1 文件的分类

4.1.1 内部制定和形成的文件

内部制定和形成的文件包括质量手册、程序文件、作业指导书、质量记录和质量计划等，见下图。

（1）质量手册是机构管理体系的纲领性文件，明确了本公司质量方针、质量目标、组织机构、部门和人员职责以及体系中各职能部门质量活动的要点。质量手册由最高管理者组织编制并批准。

（2）程序文件是质量手册的支持性文件，描述为实施管理体系要素所涉及的各职能部门的活动完成的所规定的途径（或方法），明确了具体质量活动的目的、范围、责任部门（人）和工作流程。

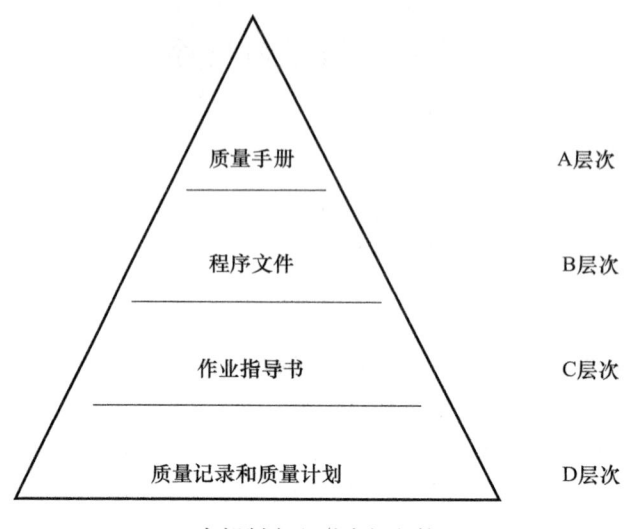

内部制定和形成的文件

1）由最高管理者安排提出，由质量负责人负责制定编制计划并组织有关人员进行编写，草稿经质量负责人审核后形成报批稿，再经最高管理者会议审定后批准发布。

2）封面应有单位名称、文件类别、版次、受控状态、文本编号、编制人、生效日期等。

3）刊头应有文件类别、名称、编号、版次、页码等。

4）程序文件内容主要有目的、适用范围、职责、工作程序、相关文件、记录表格等。其中工作程序应按顺序列出开展该项活动的细节，明确输入、输出和整个流程中各个环节的转换内容，必要时对人员、设备、材料、环境和信息等方面给出具体要求，阐明应做的工作以及责任者、执行者，在何时、何地、采用何仪器设备、依据何规程标准进行、对该活动的控制方式、记录要求及特殊情况处理等。

（3）作业指导书是程序文件的细化，指导开展检验工作和管理工作的操作性文件。作业指导书包括：

1）仪器设备操作、维护、自校、验证和运行检查规程。

2）检测细则、非标检测方法。

3）有关记录表格。

4）由技术负责人安排（或由操作人员提出，经技术负责人同意）需编写指导书的项目，由相关操作人员依据有关技术资料进行编写，草稿经室负责人审核后交技术负责人审查、批准。

5）需印制悬挂张贴的规程经质量检测室有关领导确定后由业务室组织实施。

（4）质量记录和质量计划。质量记录是质量活动的见证性文件，具有可追溯性，应尽可能表格化，要求记录做到真实、准确、及时。记录包括实验室所有质量活动和检测活动的即时记录，诸如原始观测记录、报告、内审和管理评审的报告等。质量计划则是实验室针对特定质量活动，规定专门质量措施、资源和活动顺序的文件。计划包括检测计划、审核和评审计划、能力验证和比对计划、测量溯源计划、人员培训计划、仪器设备维护计划、开展新项目的计划、采购计划、抽样计划等。

4.1.2 来自外部的文件

来自外部的文件包括来自客户、法定机构和认可委员会的文件以及外来标准、规程（规范）、检验/校准方法以及图纸、软件等文件。

4.2 内部编制的文件资料编号和版本识别规定

4.2.1 质量手册、程序文件的文件编号格式

机构简称-文件类别简称-章节号或文件顺序号-编制年份

4.2.2 规范标准类文件编号格式

机构简称-文件类别简称-三位顺序号-四位起始登记年号

注：有自有编号的外来技术文件，其自有编号可作为机构的内控编号使用。

4.2.3 质量记录表编号格式

机构简称-文件类别简称-年号（编制年份）-顺序或章节号

4.2.4 检测原始记录编码编号格式

文件类别或功能室编号缩写-（样品类别号）-四位编制年号-三位顺序号

4.2.5 作业指导书（设备操作规程、设备期间核查规程）、管理制度等文件编号格式：

机构简称-文件类别简称-章节号或文件顺序号-编制年份

4.2.6 文件类别缩写

1) 机构名称缩写；

2) 英文缩写及类别，如：QM（质量手册）、PF（程序文件）、TR（技术记录）、QR（质量记录）等。

注：法规性文件、行政文件、机构性质证明文件在体系控制范围内不编号。

4.2.7 内部受控文件的版本

采用第一版/第0次修订"1/0"，第一版/第1次修订"1/1"，第二版/第0次修订"2/0"等表示。其中"1"表示第一版，"2"表示第二版，以此类推；"0"表示第零次修订（未修订），"1"表示第一次修订，以此类推。

4.3 文件的排版与标识

4.3.1 页面纸张一般采用A4纸，每个程序都应有文件表头。表头内容应包括发布机构、文件类别、文件名称、文件编号、页码、总页数、版本号、修订状态、发布日期、修订日期、实施日期等。

4.3.2 文件日期说明：

（1）颁布日期：为文件的版本颁布时间，只要版本号不变，文件无论修订多少次，颁布时间都不需要变更。

（2）修订时间：为该版本、该页文件或该章节文件内容被修订的日期，在换版时该时间与颁布时间一致。

（3）实施时间：为该版本、被修订的页或被修订的章节初次实施时间或对内容修订后的正式实施时间。

（4）文件的装订与成册：文件以其文件编号为独立单元，以便于修改。当需要多个文件装订或汇编成册时，要按照文件编号顺序放置，封面要有册名，每册要有文件目录表。

4.4 文件的基本编制内容

4.4.1 质量手册内容除包含 4.3 条内容外，还应至少有封面、修订页、批准页、公正性声明、质量方针/目标、质量承诺、各管理/技术要求的条款描述、引用的程序。

4.4.2 程序文件内容除包含 4.3 条内容外，还应至少有封面、修订页、批准页、各程序内容描述（目的、适用范围、职责、流程、对应的记录格式、引用的程序）。

4.4.3 设备操作规程内容除包含 4.3 条内容外，还应至少有目的、适用范围、引用文件、环境条件（必要时）、操作步骤、维护保养要求、编制人、审核人、批准人。

4.4.4 管理制度内容除包含 4.3 条内容外，还应至少有目的、适用范围、引用文件、管理步骤、编制人、审核人、批准人。

4.4.5 质量记录格式应至少有格式名称、格式编号、页码、总页数、版本号、修订状态和对应的功能内容。

4.4.6 技术记录格式应至少有格式名称、格式编号、页码、总页数、版本号、修订状态、检测基本参数信息（样品名称、样品状态、样品编号或分样号、检测依据名称、依据编号、使用的设备名称、型号、必要的设备技术设置参数、检测分析人员、记录校核人员、检测时间或时段、检测或现场环境条件信息）、检测过程数据（检测数据、质控数据、数据计算公式、图示区）。必要时还包括抽样人信息、抽样过程信息、抽样位置信息、抽样步骤信息、抽样点选择信息、抽样陪同人信息。

4.5 文件的批准

4.5.1 质量手册和程序文件由质量负责人组织编制并审核，最高管理者批准、签署发布。质量手册和程序文件应根据《检测和校准实验室能力认可准则》的要求编写。

4.5.2 技术性文件由各检测室组织编写、技术负责人批准、签署发布。

4.5.3 质量文件及各项行政管理制度由归档管理部门组织编写，由质量负责人审核，最高管理者批准。

4.5.4 其他文件由最高管理者指定人员编写，并经授权人员批准。

4.6 文件的发放

4.6.1 体系文件的发放，由质量负责人配合最高管理者，确定分发数量和范围。

4.6.2 文件领用人在文件发放（领用）登记表上签名，领取具有分发号和加盖"受控"印章的文件，每一个文件都有不同的分发号，便于追溯。分发号的编写要求：□□（文件类别简称）-□□（发放的文件流水号）-□□（单个文件序号，可选）-□□□□（四位数发放年号，可选）。

注：文件类别简称见 4.2 条描述。

4.6.3 外来技术文件由技术负责人确定分发数量和范围，按发放范围发放文件。

4.6.4 外部行政文件由文件管理员签字签收，按行政管理要求填写相关的阅览记录，进行传阅后存档。

4.6.5 机构内受控文件不得随意复印，检测区域内不得使用未加盖"受控"章的在受控范围内的技术文件和体系文件。

4.6.6 当已经发放的文件破损严重影响使用时，应到文件管理员处进行更换，交回破损文件，补发新文件。新文件的分发号仍沿用原分发号，文件管理员将破损文件按4.8条处理。

4.6.7 当文件使用人将文件丢失后，应按4.6.1、4.6.2条办理申领手续，但必须在领用申请中做出说明，文件管理员在补发文件时应给新的分发号，并注明丢失文件的分发号作废。

4.7 文件的更改

4.7.1 文件需要更改时，应由文件更改提出人或文件更改提出部门的负责人填写文件更改审批表，说明更改原因，对重大更改（如技术参数）还应附充分的证据。

4.7.2 文件更改的审核、批准由原审批人进行，当原审批人不在岗时，可由接替其岗位的人员审批，被指定的人员应获得进行审查和批准所依据的有关背景资料。

4.7.3 文件更改批准后，由相应编制部门实施更改。文件更改时应注明更改人标记和更改生效时间，并按文件发放（领用）登记表的名单发放修改后的文件，同时收回被替代的修改部分。

4.7.4 允许授权人员在文件重新发布前手写修改文件，修改处应清楚地标明，并签名和注明日期。手写修改的文件应尽快正式重新发布，收回原文件并加盖作废标志。

4.8 文件的换版与作废

4.8.1 经多次更改或更改内容较多及其他原因需要改版时，应进行换版，原版文件作废，换发新版本。

4.8.2 作废的文件由文件管理员按文件发放（领用）登记表收回并记录，作废文件加盖"作废"印章，需作为资料保留的作废文件，申请人应填写文件销毁（保留）申请表并根据文件类别由相关质量负责人或技术负责人批准后，由文件管理员销毁或留存，填写文件销毁（留存）清单，形成记录。留存文件加盖"留存"印章，写明保留期限后，专柜或专档留存。

4.9 文件的日常管理

4.9.1 文件经批准发布或应用后，原版文件由综合办公室加盖"受控"标识后保存。

4.9.2 外来文件中涉及检测项目的技术标准、规范、图片，涉及体系管理活动和行政工作的行政文件、机构证明材料、法律法规、条例、细则等都应受控，形成受控文件一览表。其他外来文件是否受控由各职责部门人员确认，受控则在受控文件一览表中进行登记。

4.9.3 涉及检测项目的技术标准、规范、图片在使用区域的应有受控标识、发放编号；涉及体系管理活动的行政文件、机构证明材料复印件、法律法规、条例、细则应有受控标识。

4.9.4 因检测活动产生的图片、照片、文字资料应与对应的结果报告归档。

4.9.5 各部门使用的受控文件由部门负责人负责管理，并保证在工作现场易于查阅。

4.9.6 文件管理员应建立受控文件一览表并保有文件发放记录，以便于检索、核对、管理。

4.9.7 受控文件中的体系文件未经最高管理者或其授权人批准不得复制、外借、外传。需临时借阅文件的人员在档案资料借阅/复印登记表上填写后，借阅者应在指定日期内归还文件，到期不还由综合办公室收回。原版文件一律不外借，以防丢失损坏。

4.9.8 受控文件应安全保管，保证不丢失、不涂抹、不随意破坏。

4.9.9 员工离职或离岗时应及时归还所持有的文件。

4.9.10 可能时，所有的受控文件应保留电子版本。

4.9.11 文件管理员定期全面检查各类存档、发放的在用文件的有效性，填写受控文件有效性检查登记表，形成核查记录，发现问题及时按本章其他条款规定处理。

4.9.12 对保存在计算机系统中的文件的更改和控制也应达到以上要求。有关程序及权限详见《数据保护控制程序》。

4.10 资料的收集与管理

由文件管理员对以下文件进行归档管理：

（1）体系文件；

（2）技术性文件、资料（包括各类指导书、标准、规范、检验检测方法、通知、计划、图纸、图表、软件等）；

（3）管理体系涉及的法律、法规性文件；

（4）机构行政、资质类文件；

（5）人员档案、设备档案要求：

1）由文件管理员根据质量手册要求对人员建立规范的技术档案，并以顺序号来识别档案。

2）由设备管理员根据质量手册要求对设备建立规范的档案，并以顺序号来识别档案。

5 相关文件

《数据保护控制程序》

6 相关记录

6.1 标准（规范、规程）一览表

6.2 受控文件一览表

6.3 文件发放（领用）登记表

6.4 文件更改申请表

6.5 档案资料借阅/复印登记表

6.6 受控文件有效性检查登记表

标准(规范、规程)一览表

单位名称：

序号	标准代号	标准名称	份数	受控编号	发布日期	实施日期	有效性跟踪	替代标准代号	备注
							□有效 □作废 □作废有代替		
							□有效 □作废 □作废有代替		
							□有效 □作废 □作废有代替		
							□有效 □作废 □作废有代替		
							□有效 □作废 □作废有代替		
							□有效 □作废 □作废有代替		
							□有效 □作废 □作废有代替		
							□有效 □作废 □作废有代替		
							□有效 □作废 □作废有代替		

填表：　　　　　　　　　　　　　　　　　审核：　　　　　　　　　　　　日期：　　年　月　日

注：如果标准作废有代替，在备注栏填写新标准受控编号及序号，便于查找。

受控文件一览表

单位名称：

序号	文件名称	文件编号	修订状态	备注

文件发放（领用）登记表

单位名称：

序号	文件名称	文件编号/版本号	发文单位	领取人	日期	修订记录	备注

文件更改申请表

单位名称：

需更改文件/章节名称		文件原编号和版号	
修订次数		文件现编号和版号	
更改方式和原因： 更改方式：□修改　□删除　□增加			
更改前内容			
更改后内容			
受此影响的涉及部门和其他文件名称：			
申请人：　　　　　　　　　　　　　　　日　期：　　年　　月　　日			
审核意见（审核人类别：□原文件审核人　□新指定人员）： 签　名：　　　　　　　　　　　　　　　日　期：　　年　　月　　日			
审批人意见（审批人类别：□原文件审批人　□新指定人员）： 签　名：　　　　　　　　　　　　　　　日　期：　　年　　月　　日			
颁布时间		实施日期	

档案资料借阅/复印登记表

单位名称：

序号	档案资料名称及编号	借阅/复印内容、页数	预计归还时间	申请人	批准人	借阅/复印起止时间	借阅人签名

受控文件有效性检查登记表

单位名称：

核查日期	文件名称	文件编号	修订状态	是否有受控印章	是否为现行有效版本	结论 符合	结论 不符合	相应措施	责任人	核查人

客户要求、标书和合同评审控制程序

1 目的

为实施检测/校准标书、合同评审提供程序规则；在充分理解客户需求后评价满足该合同要求的能力并形成文件，消除合同双方对合同要求的差异，确保有能力及时满足客户合同的要求。

2 适用范围

2.1 与客户签订的任何形式的技术服务合同书（委托书、协议）；

2.2 为履行合同书（委托书、协议）安排的评审；

2.3 合同履行期间客户提出的必要的修改补充合同。

3 职责

3.1 最高管理者组织对非常规合同的评审和签订，组织起草与执行合同有关的程序文件及相关作业指导书，协调解决执行合同所必需的人力、信息和物质等资源。

3.2 技术负责人组织为履行合同实施的一切验证活动。必要时组织有关人员履行合同安排的相关技术培训。

3.3 业务委托室负责客户接待、业务洽谈和常规合同的评审和签订。

3.4 资料管理员应保存与合同签立、履行有关的一切文件和记录。

3.5 监督员负责对检测全过程实施监督。

3.6 检测人员应按照相关的作业指导书、签订的检测合同等要求开展检测和验证，并编制记录和检验报告。

4 程序

4.1 合同评审的方式及合同的签订。所有评审工作均应在要求、标书、合同承诺或签订以前完成。

4.1.1 由技术负责人主持，承担项目的检测员参加评审会议；

4.1.2 业务员汇报草拟的合同，检测员汇报草拟的检测方案或标书，与会人员对合同或标书内容进行逐条评审，提出改进意见；

4.1.3 会后业务员根据评审结果对合同进行修改，并将修改后的合同通知客户，得到客户的承认；

4.1.4 标书由项目负责人进行修改，修改后的标书由最高管理者签发投标；

4.1.5 例行、简单的测试项目，可以直接填写委托检测协议书，由客户与业务员共同签订即可；

4.1.6 遇客户无法到现场签订合同时，可通过即时通信或电子邮件办理委托检测。

4.2 检测合同评审过程。

4.2.1 当客户向机构提出常规检测要求时，业务委托室应与客户就有关检测要求进行评审，要求客户明确委托样品执行的检测标准或方法标准、检测项目、检测报告传递方式、提供样品的相关信息，同时填写"检测委托合同"，并在授权范围之内与客户签订检测合同。签订后的合同，按照检测工作程序向检测室下达检测任务。

4.2.2 当客户向机构提出非常规的、新的、复杂的、需采用先进技术的、特殊要求的检测要求时，技术负责人应及时向客户了解要求，并记录客户有关检测的依据、检测地点、目的、时间、数量、结果等细节要求，组织有关人员进行评审，保存合同签订、评审、执行的记录。

4.2.3 技术负责人组织相关人员对合同进行评审，评审应当从以下诸方面着手：
（1）社会效应与法律责任要素；
（2）利益和风险；
（3）技术能力要素；
（4）财务要素；
（5）合同交付要素；
（6）检测物品要素（样品的采取、制备、储存、处置等）；
（7）客户保密和保护本公司利益要素；
（8）放弃权利和要求的声明；
（9）检验报告格式要求；
（10）传送检测结果的要求；
（11）根据检测结果提供评价意见和建议的要求；
（12）合同变更或偏离时的要求；
（13）其他要求等。

4.3 合同的偏离和修改。

4.3.1 对合同的任何偏离，应由业务员负责通知客户，取得客户的同意，并进行记录。

4.3.2 合同签订后，如在工作中发现合同需要修改，由业务员负责通知客户，重新进行评审，并将修改内容通知所受影响的所有人员，防止工作差错造成损失，并进行记录。

4.4 合同评审的记录。合同的评审记录，直接在委托检测协议书上体现，不再另外进行记录。如有需要，由业务员填写合同评审记录。合同评审记录包括合同执行期间就客户的要求及工作结果与客户进行讨论的有关记录；修改合同所做的再评记录，任何重大的变化记录等。合同评审由业务员负责收集，资料管理员负责存档，合同评审记录执行《记录和档案的管理程序》。

4.5 合同的执行。

4.5.1 当客户对委托活动有保密要求时按《保护客户机密信息和所有权程序》执行。

4.5.2 委托受理后，业务管理员按样品管理要求为待检样品进行登记，填写检测任务流转单，并在样品上加贴样品标签或其他能够固定住的识别标记。填写检测任务流转单，将任务下达到项目承担部门，由检测人员到业务管理员处领取样品。

4.5.3 有约定时间要求的，应尽快填写检测任务流转单，传递到检测部，履行检测活动。

4.5.4 当客户在委托活动开展过程中要求对委托事项进行变更时，应由客户提出书面申请填写合同更改申请表，业务受理人员在与委托活动开展人进行识别后，确认是否受理客户的变更要求，并以合同更改通知单告知客户。

4.5.5 当因为机构自身的原因需要更改客户委托活动时（需要分包、需要延迟、需要暂停等），由业务受理员以合同更改通知单书面形式告知客户，必要时由该专业技术负责人给出技术上的解释；质量负责人按服务客户要求收集客户的反馈和谅解。

4.5.6 所有与客户进行讨论的活动，包括（但不限于）：样品状态的确认、检测项目的确认、所用方法的确认、分包的确认、活动开展过程中的沟通、合同更改活动等都必须形成记录，电话讨论的内容要形成电话记录。

4.5.7 电话委托的项目，业务受理人员应填写好委托单，并由检测人员带到委托方，由委托方签字。

4.5.8 检测委托单的委托编号：公司简称-四位年份-三位顺序号。

4.6 合同的管理。所有合同由资料管理员统一负责管理，合同保存在档案柜中，保存期不少于六年。

4.7 由质量负责人监督合同评审是否做到可行和有效。

4.8 当客户不能亲自到现场办理检测合同时，可通过邮寄样品，将其要求以书面形式（或电子邮件、即时通信）寄给机构有关人员，通过电话（电子邮件、即时通信）的形式同客户洽谈，经确认（意见一致）后将合同寄给（或扫描件发给）客户。客户的书面要求及电话讨论的内容等记录都要保存。

5 相关文件

5.1 《方法的选择和确认控制程序》

5.2 《样品管理程序》

6 相关记录

6.1 委托合同

6.2 合同评审会议记录表

6.3 电话记录

6.4 合同更改申请表

6.5 合同更改通知单

委托合同

检测机构名称：　　　　　　　　　　　　　　　委托编号：

委托单位			施工单位	
工程名称			见证单位	
见证人			证书编号	
样品名称				
工程部位/用途				
样品编号				
取样地点				
取样/成型日期				
样品数量				
规格型号				
批号				
代表数量				
生产厂家				
判定依据				
试验依据				
检测参数				
样品描述				
备注				
检测性质	委托		样品来源	送样
报告交付	自取		报告份数	
要求完成日期			样品处置	废弃
委托评价				
附加说明				
委托人			联系电话	委托日期
收样人			联系电话	收样日期

委托人确认签字：

合同评审会议记录表

单位名称：

评审项目			
会议地点		会议时间	
参会人员			

评审内容及意见：

评审结论：

负责人签字：		日期： 年 月 日
记录人		日期	

电话记录

单位名称：

日期/时间	来/去电单位	来/去电人	来/去电内容	接收电话号码	接收人	记录人

合同更改申请表

单位名称：

委托方名称		委托方联系人和电话	
委托时间		委托单编号	

委托方变更要求：
变更提出人员：

委托单位负责人意见：
负责人（职务）： 日期（单位印章）：

评审意见：
签字：　　日期：

备注：

合同更改通知单

单位名称：

通知发往部门	
客户名称	
委托编号	

更改前条款：

更改后条款：

通知人签字：	接收人签字：
日期：	日期：

检验检测分包程序

1 目的

为选择符合检验检测机构认可准则要求的检测机构承担分包项目,保证分包的检测/校准工作符合规定的要求,防止引入外来风险,特编制本管理程序。

2 范围

适用于机构所有分包检测/校准工作的管理,分包方的评价和选择。

3 职责

3.1 最高管理者签订或授权签订分包合同

3.2 技术负责人

3.2.1 受权签订分包合同。

3.2.2 对分包检测机构能力的持续维持进行定期审核。

3.2.3 维护本程序的有效性。

3.3 质量负责人

组织对分包机构进行质量审核。

3.4 检测组负责人

3.4.1 组织并参与分包检测活动。

3.4.2 对分包检测活动进行监督。

3.5 业务组

3.5.1 征求客户的意见。

3.5.2 保存分包机构的注册资料以及其工作符合认可准则的证明记录(含对分包机构的质量审核记录)。

4 程序

4.1 分包需求

4.1.1 当机构由于未预料的原因(如工作量、需要更多专业技术或暂时不具备能力)或持续性的原因(如检测/校准工作资源配置不足,有关专业室可根据工作需要提出分包要求,并进行分包机构的选择,报技术负责人。

4.1.2 业务组负责征求客户的意见和了解其对分包工作的质量要求。当得到客户同意分包的书面答复后,将客户的质量要求一并纳入对分包实验室能力和资质的审核。

4.2 对分包机构的审核

4.2.1 技术负责人应组织专业人员对拟选择的分包机构的技术能力进行审核,确认其能力是否满足分包项目的要求。

4.2.2 质量负责人应收集分包机构的有关资质资料,按照《内部审核程序》组织内审员对拟选择的分包机构的相关管理体系进行审核。审核中发现可能影响分包检测质量的问题时，质量负责人应向分包机构提出尽快整改的要求并跟踪实现。

4.2.3 选择分包机构应遵从以下原则：

（1）有完善的管理体系（如获得认可/认证）。

（2）有固定的检测/校准场所。

（3）有满足检测/校准标准或规范要求的检测设备。

（4）有能力承担经济责任。

（5）有持证或合格的操作人员。

（6）承诺保守秘密和履行合同。

4.2.4 技术负责人应定期组织对分包机构能力是否持续维持的审核。

4.2.5 综合办公室负责填写分包项目申请表。

4.3 分包合同的签订

4.3.1 技术负责人在确认分包机构的能力及资质符合要求后，应组织检测组和业务组确定分包检测项目和相关要求。

4.3.2 与分包方达成意向后，技术负责人与分包机构签订正式分包检测合同。合同内容应包含：

（1）甲乙双方实验室名称。

（2）分包内容。

（3）分包性质（固定的还是临时的）。

（4）检测方法和细则的规定（执行标准或方法）。

（5）分包检测所需仪器设备的配置。

（6）分包检测的环境条件。

（7）检测报告的内容、形式和数量。

（8）检测收费的约定。

（9）双方的责任和义务（如对样品及资料完整性、安全性以及保密的要求）。

（10）分包方授权签字人的资格确认（分包合同的签字和分包报告的签字）。

（11）违约处理。

（12）合同签订日期和有效期。

4.3.3 签订后的分包检测/校准合同由甲乙双方各执一份。

4.4 分包检测的实施

4.4.1 检测组和业务组负责人组织分包检测/校准的实施，与分包方进行分包样品及相关资料的交接并记录。

4.4.2 需要时，检测组和业务组应派人到达分包检测/校准的现场，指导分包项目的实施，并对过程进行监督。

4.4.3 分包检测结束后，检测组应验收分包检测报告的有效性和正确性，并清点被检样品和文件。

4.4.4 当确认分包检测/校准结果正确、有效时，分包检测/校准即告结束。

4.4.5 档案管理员应将分包活动过程中形成的文件归档保存。

4.5 分包的保密要求

4.5.1 检测组负责人应监督分包方履行保密承诺。分包检测报告的所有权归客户，机构和分包机构未经允许不得引用分包检测的数据和结果。

4.5.2 检测组负责人不得将属于保密的技术资料留在分包机构。如需查阅、使用，必须由机构内的人员随身携带。

4.5.3 分包机构不得对被试样品进行照相、测绘，不得复制被试样品的技术资料。

4.5.4 对分包工作的保密和违约处罚应执行《保护客户机密及所有权程序》。

5 相关记录

5.1 分包单位调查与评价表

5.2 分包项目申请表

分包单位调查与评价表

单位名称：

分包单位名称	
分包单位地址	
分包单位联系方式	电话：　　　　　　传真： 联系人： 地址：
分包项目参数	
分包单位的资格	
分包单位考核情况	人员：　　　　　　设备： 资质：　　　　　　环境： 总意见： 考核人：　　　　　　年　月　日
办公室结论	 负责人：　　　　　　年　月　日
技术负责人意见	 技术负责人：　　　　　　年　月　日
质量负责人意见	 质量负责人：　　　　　　年　月　日

分包项目申请表

单位名称：

分包项目			
申请人		申请日期	
分包理由			
所在部门领导意见			
最高管理者意见			
备注			

服务和供应品控制程序

1 目的

为规范对检测质量有影响的服务和供应品的采购，确保服务和供应品符合检测工作要求，防止外部服务和采购设备及消耗品的质量对检测结果造成影响，对服务和供应品的采购管理做出规定，特编制本管理程序。

2 适用范围

适用于对检测质量有影响的服务（来自外部检定/校准服务）和供应品（其中特别包括消耗材料、药品、化学试剂、标准物质等）的选择、购买、验收、存储及其使用的控制。

3 职责

3.1 最高管理者

批准或授权技术负责人批准外部服务/供应品采购合同、计划，必要时，主持重大项目的合同评审。

3.2 技术负责人

审核外部服务、供应品采购技术要求及计划。

3.3 办公室

3.3.1 负责汇总、编制实验室所需外部服务、供应品采购计划。

3.3.2 建立、保存合格供方的名录。

3.3.3 按照采购计划实施设备和耗材采购。

3.4 检测组负责人

3.4.1 提出设备、设施、消耗品采购及溯源服务的技术要求。

3.4.2 参加设备、设施、消耗品采购后的验收及溯源服务有效性确认。

3.5 质量负责人

3.5.1 调查、收集供货商及检定/校准机构的质量资质。

3.5.2 组织合格供方的评价。

3.6 仪器设备管理员

3.6.1 将仪器设备送往具有质量资质且能力符合要求的机构进行检定/校准。

3.6.2 参与采购仪器、耗材的验收及其保管和发放。

4 程序

4.1 采购计划的制定

4.1.1 检测组提出所需的设备和对检测质量有影响的消耗品的采购清单报综合办公室，采购需求应包括采购设备的名称、数量、参数、技术性能等信息。

4.1.2 综合办公室编制采购计划,报技术负责人审批。

4.1.3 技术负责人组织检测组对所用的测量仪器设备量值的溯源提出量化要求,选定满足要求且有质量保证的校准机构进行量值溯源,查实其检定/校准的技术能力以及合法性。设备管理员收集并保存合格校准服务机构的资质证明文件。

4.2 供方的评价

4.2.1 综合办公室应将支持服务与供应商的初选名单提交给质量负责人,由质量负责人组织相关部门对供方的质量保证能力、产品质量、售后服务以及企业的信誉等进行评价,从中选择合格供方,填写供方和外部支持服务方评估表。根据不同的供方类型按下述要求进行:

(1) 设备量值溯源服务:由技术负责人识别其溯源能力范围适用性,由质量负责人识别其资质符合性,由被溯源设备的使用部门识别其设备保护、现场操作能力、服务态度的符合性。

(2) 室间比对服务:由技术负责人识别其检测能力范围适用性,由质量负责人识别其资质符合性,由比对部门识别比对数据的合理性和有效性。

(3) 维修服务:由技术负责人识别其检测能力范围适用性,由质量负责人识别其资质符合性,由服务使用部门识别其设备保护、现场操作能力、服务态度的符合性。

(4) 生产商、销售商:由技术负责人识别其检测能力范围适用性,由质量负责人识别其资质符合性,由服务使用部门识别其提供的设备、消耗性材料的适用性、稳定性、售后服务态度的符合性。

4.2.2 对一次性购买或购买量很小的一般供应品,由综合办公室采用进货时/使用前对产品验证的办法,给出评价。

4.2.3 对供方的评价内容:

(1) 评价供方提供的质量保证能力、企业信誉等有关证明文件。

(2) 要求供方提供使用其产品的用户名单,以便了解其产品质量及服务能力。

(3) 必要时可派人赴供方现场审核、检测,评价其质量保证能力。

(4) 评价供方以往提供产品及技术服务的质量状况。

4.2.4 质量负责人应定期组织对合格供方服务质量的可靠性评价,对合格供方名录做相应调整。

4.2.5 综合办公室指导设备管理员建立并保存合格供方名单及相关资料的档案,并记录合格供方质量业绩。

4.2.6 在评审过程中,还应将设备和消耗性材料的验收情况、使用(试用或验证)情况、溯源情况作为评审的输入。

4.3 评审结果的处理

4.3.1 根据评价结果分别做出认证其服务资格、认证其后续服务资格、不认证其服务资格和撤销其服务资格。

(1) 初次评审结论可为:认证其服务资格或不认证其服务资格。

(2) 复评审结论可为:认证其后续服务资格或撤销其服务资格。

4.3.2 综合办公室根据评审结果,编制合格供应商和外部支持服务方名录并报最高管理者批准。

4.4 对支持服务与供应商的控制

4.4.1 有条件的情况下，机构应对各类服务方有备选单位，避免因唯一服务方的问题影响机构的运作，一旦首选供方发生问题，可以避免供应链脱节。

4.4.2 在体系运行过程中需要寻求外部支持服务与物品采购时，应优先选择合格供应商和外部支持服务方名录中所列机构。

4.4.3 合格供应商和外部支持服务方名录中所列机构不能提供相关服务时，应根据 4.2 节要求对选择的其他供方进行评价，形成评价记录，符合后将供方名单纳入合格供应商和外部支持服务方名录中。

4.4.4 名录中相关机构提供的证明文件在时效范围内机构可不进行年度重新评审。综合办公室应定期对存档的供方材料的时效性进行检查，在发现有失效文件时，应要求相关供方提供最新有效证明文件，当不能提供时应进行重新评价。

4.4.5 在一个认证年度即将结束，并在现场复查前，应对所有的外部支持服务与供应商进行重新评价，形成新的评价记录和名录。

4.4.6 特殊情况的处理

（1）在一个认证年度中，支持服务与供应商存在服务态度问题或供应脱节问题时应给予警告，当再次出现类似情况时可立即召集相关人员进行评审，必要时撤销其服务资格。

（2）当提供的服务存在质量问题时应给予暂停合作，待其恢复服务质量。当不能恢复时，可立即召集相关人员进行评审，必要时撤销其服务资格。

4.5 采购物品选择和申请

采购应选择与合格供应商和外部支持服务方名录中的机构进行采购，采购应由使用部门提出采购申请，填写仪器设备购置申请表或消耗性材料采购申请表。根据上述要求经审核、批准后报综合办公室采购。

4.6 采购申请记录内容

至少包括以下一种：

4.6.1 技术标准（包括企业标准或引用的国家标准、行业标准）的有效版本或文件编号。

4.6.2 采购物品的技术参数。

4.6.3 当要求难以描述时可提供参照样品或图样（如有）。

4.7 物品的采购、验收和贮存

4.7.1 采购

（1）批准后的采购计划由仪器设备管理员交综合办公室实施采购。

（2）采购人员应选择有质量保证的供应品。质量保证的模式通常有：

1) 获得产品认证或生产许可证。
2) 获得生产质量体系认证。
3) 权威机构推荐品牌。
4) 长期使用证明质量符合要求的。

（3）一次采购量较大、价格较贵或技术指标要求较高时，综合办公室应与供货商签立采购合同以确保采购质量。

4.7.2 验收

(1) 购买到货的设备、消耗品,由采购人员与仪器设备管理员、药品管理员共同组织验收。对技术或质量要求较高的供应品的验收,使用部门应制定"验收作业指导书"。验收人员应认真做好验收记录。

(2) 验收合格的设备、消耗品由仪器设备管理员办理入库登记。不合格的供应品退回采购供应部门办理退货。

4.7.3 贮存采购的产品按照产品保存要求进行妥善保存。对有危害的物品应实施安全隔离;对怕挤、怕压的物品应限制叠放层数。对存贮有温度、湿度要求的物品应建立对贮存环境的监控手段并规定环境记录的要求。

5 相关记录

5.1 供应商和外部支持服务方评估表

5.2 合格供应商和外部支持服务方名录

供应商和外部支持服务方评估表

单位名称：

支持服务或供应商名称				
地　　址				
联 系 人		电　话		
服务类型	□设备检定校准服务　　□参考、比对、验证　　□检测设备供应 □"三废"处理　　　　□消耗性材料供应　　　□维修保养服务			
服务评价	资质能力			
	交货情况			
	质量保证			
	价格			
	服务情况			

服务资格确认：

□认可其服务资格　　　□认可其后续服务资格

□不认可其服务资格　　□撤销其服务资格

参加评价人：

年　月　日

备注：

合格供应商和外部支持服务方名录

单位名称:

序号	供应商/外部支持服务方名称	供应产品/服务范围	联系人	电话	备注
备注	以上合格供应商和外部支持服务方每年评价一次，评价合格后可再次纳入合格名录中。				

编制人：　　　　　　　审核人：　　　　　　　批准人：　　　　　　　时间：

服务客户程序

1 目的

积极收集客户反馈的信息,为采取纠正措施、预防措施和改进措施提供依据,以最大限度满足客户的要求。

2 适用范围

适用于与所有客户在检测开展前、开展过程中和结束后的沟通和服务。

3 职责

3.1 质量负责人负责组织制定客户服务政策、制度、流程。

3.2 技术负责人负责对客户服务政策、制度、流程过程提供必要的技术支持和环节识别。

3.3 最高管理者负责对客户服务的政策、制度、流程的实施批准及资源的保障。

3.4 综合办公室负责将客户服务的政策、制度、流程在机构内部进行宣贯、培训、学习。

3.5 综合办公室负责收集客户、认证等其他外部机构、组织、个人对机构服务客户活动实施情况的无论是正面还是负面的评价。

3.6 综合办公室负责将机构需要公示的客户服务的政策、制度、流程制作成宣传物品(载体不限),在机构各对外服务窗口或平台进行公示。

3.7 各部门负责履行机构制定的客户服务的政策、制度、流程中所承担的服务环节和责任及义务。

4 程序

4.1 检测开展前的客户服务

4.1.1 当客户以电话形式询问检测业务时,无论哪个部门或哪个人员接到电话,都应认真对待,态度和蔼,当不熟悉客户所询问的内容时,应积极帮助客户联系其他专业人员。

4.1.2 当暂时不能答复客户所提问题时,应记录联系方式和所询问的问题内容,并转交给综合办公室,由综合办公室识别涉及专业后由该专业人员联系客户给出解答。

4.1.3 当外来人员进入本公司时,第一接触人员应积极询问其来意,并引导其到相关的部门,根据4.1.1条规定进行解答或协助处理。当无法现场解答时应根据4.1.2条规定执行。

4.1.4 当涉及投诉情况时,应由综合办公室负责根据《处理投诉的程序》进行受理和处理。

4.1.5 当客户要求现场办理委托检测时,应根据《客户要求、标书和合同评审控制程序》由综合办公室进行业务受理。

4.1.6 综合办公室应根据《样品管理程序》做好客户所提交的有效样品的保护工作。

4.2 检测开展过程中的客户服务

4.2.1 检测开展过程中，检测室应及时将任何关于委托活动的变更情况告知综合办公室。

4.2.2 综合办公室应将收集到的变更及时通知客户，并根据《客户要求、标书和合同评审控制程序》执行相关的变更。

4.2.3 综合办公室应及时将客户的变更要求告知检测承担部门，并将检测活动承担部门的反馈情况告知客户，同时根据《客户要求、标书和合同评审控制程序》执行相关的变更。

4.2.4 当客户提出参观为其委托开展的检测活动时，综合办公室应做好外来人员的接待，做好外来人员进入试验场所前的注意事项的告知，以及权利和义务的告知，并做好过程的陪同和监管。

4.2.5 检测人员应根据《服务客户程序》做好参观场所的安全防护和保密防护工作。

4.2.6 检测人员应负责做好领取的准备开展检测的样品的保护工作和所有检测数据的传递安全性的保护工作。

4.2.7 综合办公室应负责退回样品的安全存放工作，直至其被客户领回或按照与客户的约定处置。

4.3 检测开展后的客户服务

4.3.1 检测室负责根据《检测结果质量控制程序》编写检测报告。

4.3.2 综合办公室负责根据约定的方式通知客户领取报告的时间或已经寄发报告的时间。

4.3.3 该专业检测负责人负责对客户取得报告后对报告疑问的解释工作。

4.3.4 综合办公室负责在客户领取报告的环节动态使用客户满意度调查表收集客户的满意度。

4.3.5 综合办公室负责通过电话调查、发放问卷调查、现场填写调查表的形式收集客户意见、建议，征求对机构在服务和技术方面的各种建议和意见，汇总整理后形成书面材料，为管理评审及改进质量管理体系提供依据。

4.3.6 综合办公室应对大宗业务的客户建立客户档案，对重要客户应由专人主动联系，跟踪服务，及时提供有关业务的最新信息。

4.3.7 检测室应在技术方面为客户提供后续的技术咨询服务。

5 相关文件

5.1 《客户要求、标书和合同评审控制程序》

5.2 《服务客户程序》

5.3 《处理投诉的程序》

6 相关记录

客户满意度调查表

客户满意度调查表

单位名称：

客户名称		联系人	
地　　址		电话/传真	

对本公司检测工作的满意度： 服务及时性：　　很满意□　　较满意□　　一般□　　不太满意□　　不满意□ 服务有效性：　　很满意□　　较满意□　　一般□　　不太满意□　　不满意□ 服务人员态度：　很满意□　　较满意□　　一般□　　不太满意□　　不满意□ 检测报告的及时性：很满意□　较满意□　　一般□　　不太满意□　　不满意□ 检测报告的可靠性：很满意□　较满意□　　一般□　　不太满意□　　不满意□ 检测费用：　　　很满意□　　较满意□　　一般□　　不太满意□　　不满意□   对不满意原因说明：   说明：满意项目请打"√"，有待改进的项目请打"×"。
建议和意见详细内容及相关证据：
本单位采取的反馈/处理意见：   　　　　　　　　　　　　　　　　　　　　签字：　　　　　　年　　月　　日

电话：　　　　　　　传真：　　　　　　　地址：

处理投诉的程序

1 目的

为规范处理客户及其他方面的投诉和服务客户的管理,主动征求客户反馈意见保持与客户的联系和沟通,为客户提供满意的服务。改进管理体系、检测活动及对客户的服务。

2 适用范围

适用于处理客户及其他方面的投诉以及服务客户的管理。

3 职责

3.1 质量负责人

3.1.1 负责受理客户的投诉以及对客户意见的调查。

3.1.2 组织有关室组或人员分析客户的投诉与反馈意见,确定责任室组及时采取纠正和预防措施。

3.1.3 必要时组织对相关责任室组进行附加内部审核。

3.1.4 跟踪投诉处理结果。

3.2 技术负责人、监督员:

负责分析和处理投诉及反馈的意见中有关技术运作的问题。

3.3 业务组

3.3.1 负责接待并受理客户及其他方面的投诉。

3.3.2 负责向客户发送检测服务调查表,并整理调查表反馈意见。

3.3.3 协助质量负责人处理投诉及反馈的意见。

3.4 资料管理员

保存投诉的记录、服务客户的调查反馈意见,以及实验室针对投诉及反馈意见所开展的调查和纠正措施的记录。

4 程序

4.1 服务客户

4.1.1 质量负责人组织编写机构的有关宣传材料,介绍机构质量方针、目标、服务宗旨和承诺。

4.1.2 业务组应逐步建立客户档案,并据此向客户寄送机构宣传材料和检测服务调查表,了解和掌握客户需求动向和对机构服务质量的意见。业务组应及时整理汇总检测服务调查表的反馈意见并交质量负责人处理。

4.1.3 客户进入机构相关区域执行《服务客户程序》。

4.1.4 技术负责人和业务组负责人应注意保持与客户的良好沟通,在不泄露其他客户机密的前提下,尽可能满足客户获得建议、指导以及根据检测结果得出意见和解释的要求。

4.2 申诉和投诉的接收

4.2.1 机构应在委托室或服务平台公示申诉和投诉的渠道及接收部门。

4.2.2 综合办公室在与客户的沟通过程中,如客户提出需要进行申诉和投诉的意向,应将机构的申诉和投诉受理部门和联系电话进行告知,否则当因信息不畅造成严重后果时,应追究当事部门和当事人员的相关责任。

4.2.3 综合办公室受理人对来访者所申诉和投诉的问题应在客户申诉和投诉接收单中记录目的、事项、人员、申诉和投诉人投诉解决的程度等信息,并由申诉或投诉人签字,能当场解决的应当场解决,不能当场解决的,应给出答复期限(一般应在七日内),并形成申诉和投诉处理记录表。

4.2.4 综合办公室在对信息汇总整理后上报质量负责人,由其识别申诉和投诉的严重程度。

4.3 一般申诉和投诉的确认、调查和处理

4.3.1 质量负责人应联系申诉和投诉涉及部门的负责人,通过查询相关的记录或证据识别申诉和投诉内容的合理性。

4.3.2 当识别出申诉和投诉情况不存在时,应由质量负责人给出书面解释(关于报告和结果问题的解释由该专业技术负责人实施),并提供相关的证据,必要时可邀请申诉和投诉方到达机构,根据相关记录和文件要求进行现场解释。

4.3.3 当识别出申诉和投诉情况存在时,应由责任部门负责根据《不符合检测工作的处理控制程序》和《纠正措施控制程序》分析原因、进行纠正。

4.3.4 质量监督员应实施监督,当纠正执行人员就是质量监督员时,应由质量负责人指定人员实施监督,采取必要的回避措施。

4.3.5 当申诉和投诉涉及部门不配合调查工作时,质量负责人应告知最高管理者,由最高管理者做出裁决。

4.4 申诉和投诉涉及特殊情况的识别和处理

4.4.1 当申诉和投诉涉及质量负责人所承担的工作时,应由技术负责人或最高管理者另行指定的人员组织申诉和投诉调查工作。

4.4.2 申诉和投诉涉及工作人员态度、廉洁、公正性等问题,且经过调查事实存在的,应由最高管理者或其指定人员将调查情况反馈给客户,并协商解决方式。相关责任人员应暂停其工作,并按有关要求进行处理。

4.4.3 当申诉和投诉涉及结果报告数据可疑并可以开展复检时,应由相关检测室重新组织(一般为非原检测人员)对原样品进行复检,原样品无法检测的,用备样进行。

4.4.4 如投诉和反馈意见涉及测量数据结果或检测报告,质量负责人应组织当事人、检测组和业务组对检测方法、仪器设备、设施和环境条件、测量溯源性、数据处理、记录和报告进行核查。

4.4.5 当投诉和反馈意见涉及合同违约时,质量负责人应协同技术负责人对要求、标书和合同评审表和合同跟踪情况进行核查。

4.4.6 当投诉和反馈意见涉及管理体系或管理程序时,质量负责人应组织管理体

系附加内部审核。

4.4.7 当投诉及反馈意见涉及收费问题时,应核查收费标准及收费情况。

4.4.8 复检过程允许客户现场观察。

4.5 申诉和投诉的答复

4.5.1 综合办公室应与客户保持有效沟通,让客户了解申诉和投诉的处理进程,在 24 小时内进行首次答复。

4.5.2 综合办公室应将对客户申诉和投诉涉及的事项调查结论以书面的形式向顾客进行反馈。

4.5.3 综合办公室应收集客户对申诉和投诉处理最终结果的反馈,并形成记录,同时和相关的申诉和投诉记录、调查记录、处理记录一同存档。

4.6 申诉和投诉的应用

4.6.1 内审员在内审活动中应对是否存在申诉和投诉情况进行核查,当存在申诉和投诉情况时应对申诉和投诉的处理活动的有效性、处理记录的完整性、充分性进行审核。

4.6.2 质量负责人在管理评审中应输入年度活动中申诉和投诉活动处理的总结,并根据申诉和投诉情况实施必要的体系要求的改进。

4.7 预防措施

最高管理者应当高度重视来自客户的投诉和意见,当发现机构的管理体系的某个方面屡次出现不能满足客户要求的问题时,应召集技术和质量负责人分析原因,采取积极的预防措施。

5 相关文件

5.1 《服务客户程序》

5.2 《不符合检测工作的处理控制程序》

5.3 《纠正措施控制程序》

5.4 《预防措施和改进程序》

6 相关记录

6.1 客户申诉和投诉接收单

6.2 申诉和投诉处理记录表

客户申诉和投诉接收单

单位名称：

申/投诉人或单位：	证件号码：
地址：	电话：
申/投诉涉及的检测报告编号：	
申/投诉内容： 日期：	
投诉处理要求： 日期：	
以上内容由申/投诉人填写	
受理人：	受理日期：
调查处理记录： 处理人：　　　　日期：	
性质认定：○事故　　　　○差错　　　　○无差错	
责任认定：○检测环节　　○审核环节　　○批准环节　　○其他环节	
当事人：	部门负责人：
质量负责人意见： 签　名： 日　期：	
客户反馈意见： 　　　年　月　日将处理结果告知客户，客户意见_____，调查活动_____。 登记人： 日　期：	
备注：	

注：只有在客户满意后调查活动才能结束，否则应继续。

申诉和投诉处理记录表

单位名称：

申诉和投诉单位			
异议问题项目			
原报告编号		原始记录编号	
复验报告编号		复验记录编号	

事出摘要	经办人：　　　　　　　　　　　　年　月　日
调查核实情况	负责人：　　　　　　　　　　　　年　月　日
处理意见	质量负责人：　　　　　　　　　　年　月　日
投诉和申诉意见	投诉和申诉人：　　　　　　　　　年　月　日
备注	

不符合检测工作的处理控制程序

1 目的

识别和控制检测工作中出现的不符合项,使不符合工作得到及时、妥善的处理,确保检测结果、报告的准确性,防止不合格报告的发放或使用。

2 适用范围

适用于对管理体系管理要求和技术要求中的不符合活动的识别、评价、可接受性评估、纠正、处置、应用的控制。

3 职责

3.1 质量负责人

3.1.1 负责主持管理体系方面不符合工作的评价。

3.1.2 负责管理体系方面不符合工作的处置审批。

3.1.3 负责《不符合检测工作的控制管理程序》的维护工作,确保其有效性。

3.2 技术负责人

3.2.1 负责主持技术方面不符合工作的评价。

3.2.2 负责技术方面不符合工作的处置审批。

3.3 监督员

负责日常检测工作的监督,发现不符合工作立刻报告给相关负责人。

3.4 内审员

负责内审中不符合工作的识别、评估。

4 程序

4.1 不符合工作的识别和报告

4.1.1 根据不符合可能造成的后果,将不符合分为一般不符合和严重不符合。

(1)一般不符合:个别或少量偏离文件规定,对管理体系的有效性或检测结果未产生严重不良影响的不符合。

(2)严重不符合:对检测结果质量产生了严重的不良影响或对管理体系有着明显偏离的不符合。

4.1.2 机构所有人员均有义务识别不符合的工作,识别不符合的途径如下:

(1)日常质量监督员的监督工作。

(2)测试工程师检测工作中的环境监控。

(3)环境监控记录的分析。

(4)客户申诉和投诉及相关信息反馈。

(5)设备仪器的校准/计量检定和期间核查。

(6)影响检测结果的消耗品质量的期间核查。

(7) 检测报告的审核。
(8) 内部审核及外部审核。
(9) 管理评审等。

4.1.3 机构人员在发现不符合工作后，应及时向质量负责人或技术负责人报告，并填写不符合记录表。

4.2 不符合工作类别和程度的评价

4.2.1 不符合类别评价

(1) 体系性不符合：体系文件中未对体系的依据内容（评审准则内容）进行规定，缺失活动依据。

(2) 实施性不符合：产生不符合工作的活动未按体系要求进行或因体系文件未细化评审准则内容，造成实施活动不符合。

(3) 效果性不符合：产生不符合工作的活动按体系要求进行，但没有达到体系要求中预定的效果。

4.2.2 不符合程度评价

(1) 严重不符合：体系性不符合、管理体系活动失控和对影响到检测结果质量、检测和工作环境、检测安全、产生了对体系规定的怀疑时，不符合工作属于严重不符合。

(2) 一般不符合：效果性不符合和不属于严重不符合项（当评价表明不符合工作不会再度发生，或不会对机构的运作与其政策和程序的符合性产生怀疑）。

4.2.3 对体系运行的影响

(1) 已经发生的：不符合工作对体系运行的关联环节已经造成了影响。

(2) 潜在的：不符合工作暂未对涉及活动的关联环节持续性、有效性造成影响。

4.2.4 不符合工作的可接受水平

(1) 对已经因为不符合工作而对相关活动产生影响的，经过分析这种影响不涉及对质量目标、质量方针、诚信度、公正性、结果数据的怀疑时，可以接受不符合工作产生的结果，否则不能对不符合工作放行。

(2) 对不符合工作暂未对涉及活动的持续性、有效性造成影响时，可以接受不符合工作产生的结果。

(3) 不符合工作造成的结果被接受不代表此项不符合工作可以一直被允许存在。

(4) 只要是不符合工作，只要与体系文件化的规定步骤不一致就必须立刻实施纠正。

(5) 当识别不符合工作是可接受时，可例外允许偏离一次。

4.3 不符合工作的处置

4.3.1 一般不符合的处理

相关人员发现检测活动已经偏离了体系文件的要求形成了不符合工作时，应及时向相关负责人报告，并由其采取以下措施：

(1) 立即暂停检测活动，向相关人员了解发生的不符合工作的背景及原因，当确认不符合工作为一般不符合时，根据《实施纠正措施程序》进行处理。

(2) 当不符合工作的分析结果涉及管理体系文件的合理性时，应根据《文件控制和维护程序》对所涉及的管理体系文件进行修订、评审工作。

（3）分析确认不符合工作是由于检测资源不足所导致时，应由技术负责人组织安排对检测资源进行补充。

（4）在确认纠正工作有效并完成纠正工作后，由相关负责人负责恢复检测工作。

4.3.2　严重不符合的处理

当在监督或核查中发现或识别检测活动已经严重偏离了体系文件，造成了涉及法律、安全和客户利益的严重不符合时，监督或核查人员应当立即向相关负责人报告，由相关负责人采取以下措施：

（1）立即暂停检测活动，向相关人员了解发生的不符合工作的背景及原因，当确认不符合工作为一般不符合时，根据《实施纠正措施程序》进行处理。

（2）技术负责人组织有关人员分析原因，对可能造成的法律安全和经济利益的后果以及客户的可接受性进行评价，与相关人员协商后提出处理意见。如分析认为事态较为严重，应立即停止一切相关的检测活动和工作、扣发尚未发出的检测报告，必要时由质量负责人协同组织专题审核，以防止不符合工作造成更严重的不良后果。

（3）当判断不符合工作是由于缺少文件或由于文件有误，或操作人员技能达不到要求，或检测资源配置不足，且不符合工作还可能再度发生时，应制定一个完整的纠正措施实施计划，在得到相关负责人批准后，有关人员立即实施纠正措施并规定负责和执行人以及限制的完成时间。实施纠正措施应执行《实施纠正措施程序》，并指定最终纠正措施的验证人员。

（4）当不符合工作已直接影响先前的检测工作或机构已出具的检测报告时，技术负责人应要求有关人员扣发报告或以书面通知客户的方式追回已发出的报告，机构应主动考虑不符合可能引发的合同纠纷或可能给客户利益造成的损失。

（5）当不符合工作导致机构能力在一段时间内不能满足客户要求时，技术负责人应通知客户取消检测工作。

（6）如通过内审发现管理体系的运行严重不符合工作，质量负责人应视情节分别安排有关人员采取纠正活动或实施纠正措施，必要时组织专题内审，内审员跟踪纠正活动的有效性。

4.4　不符合工作处理的验证

相关负责人组织人员对不符合工作纠正或纠正措施的有效性进行跟踪验证，证实所采取的纠正或纠正措施已将所产生的不符合工作消除后，批准所涉及人员恢复相关工作。

5　相关文件

5.1　《客户要求、标书和合同评审控制程序》

5.2　《服务客户程序》

5.3　《管理评审控制程序》

5.4　《检测结果质量控制程序》

6　相关记录

不符合项识别及纠正措施实施验证表

不符合项识别及纠正措施实施验证表

单位名称：

发生部门/岗位		发现时间	
审核/监督人员		发现环节	

不符合项情况及事实描述：

不符合类型评价： □体系性不符合　□实施性不符合　□效果性不符合
不 符 合 程 度： □严重　□一般
不 符 合 影 响： □已经发生的　□潜在的
不符合文件类型： □《准则》　□手册　□程序文件　□作业指导书　□其他
不符合体系文件条款号：

原因分析：
责任部门/责任人签名：　　　　　日期：

建议的纠正措施计划：
审核/监督人员：　　　　　日期：

纠正措施完成情况：
纠正措施实施人：　　　　　日期：

纠正措施的验证：
验证人：　　　　　日期：

备注：

注：1. 在原因分析时应找出产生问题的最根本的原因所在。
　　2. 当对不符合或偏离的识别引起实验室对其政策和程序的符合性产生怀疑时，应在纠正措施实施完成后进行附加审核。

纠正措施控制程序

1 目的

采取有效的纠正措施，消除已经发生和潜伏在不符合检测或偏离管理体系、技术操作中的方法程序造成的影响和后果以及其他不安全和有损实验室信誉和客户利益的隐患。

2 适用范围

适用于不符合工作和偏离管理体系或技术运作中的政策和程序的纠正措施的选择、实施和监控。

3 职责

3.1 最高管理者组织制定实施纠正和预防措施的政策和程序并规定相应的权力，解决落实纠正和措施必要的资源。

3.2 技术负责人和质量负责人应针对已经发生和潜在的不符合及偏离现象，及时找出产生问题的原因，制定出最能清除问题和防止问题再次发生的纠正和预防措施，并对实施的措施进行跟踪验证和必要的附加审核。

3.3 检测组长应组织实施相应的措施，检测员应按照措施的要求开展纠正活动，并向技术或质量负责人报告完成的情况。

3.4 必要时业务组长和内审员应参与对措施实施的监控验证或审核。

3.5 资料管理员应负责保存一切与措施实施有关的文件和记录。

3.6 技术和质量负责人应当维护本程序的有效性。

4 程序

4.1 原因调查和分析

技术和质量负责人应组织有关人员针对不符合工作、偏离管理体系或技术运作中的政策和程序的现象，努力从客户要求、样品、方法和程序、员工的技能和培训、消耗品、设备及其校准等环节找出问题的根本原因，并据此启动纠正措施。

4.2 纠正措施的选择和实施

4.2.1 在对不符合工作或偏离管理体系或技术运作中的政策和程序的事实进行确认和原因分析后，技术负责人或质量负责人责成检测组长和检测员制定出切实可行的纠正措施，并填写在纠正/预防措施实施报告中。

4.2.2 纠正措施应选择最能消除问题和防止问题再次发生的措施，其力度应与问题的严重性和风险大小相适应。

4.2.3 纠正措施的实施应指定负责人和参加人，限定完成时间，提供必要的资源。

4.3 纠正措施实施的监控

4.3.1 质量监督活动中发现的不符合工作由质量监督员对纠正措施过程和结果有

效性开展跟踪验证监督。

4.3.2 日常活动中技术或管理类不符合工作分别由技术负责人或质量负责人指定人员对纠正措施过程和结果有效性开展跟踪验证。

4.3.3 内审中不符合工作由内审组长在内审前划定的审核区域的内审员对纠正措施过程和结果有效性开展跟踪验证，具体内审步骤按《内部审核控制程序》进行。

4.4 纠正措施的附加审核

当对不符合或偏离的鉴别导致对机构符合其政策和程序或符合认可准则产生怀疑并证实问题严重或对业务有危害时，质量负责人应尽快组织对相关活动区域进行附加审核，以确定纠正措施是否有效和偏离体系与不符合工作不会再次发生。

5 相关表格

5.1 不符合项调查表
5.2 纠正/预防措施实施报告

持续改进控制程序

1 目的

确保质量管理体系运行的有效性能不断地满足顾客的要求,必须切实做到持续改进。本程序对持续改进的各项活动实施规范化管理。

2 范围

适用于质量管理体系覆盖检测所涉及持续改进的各个方面,如质量方针、质量目标的实施,审核结果、数据分析、管理评审、纠正和预防措施及质量改进攻关等活动的管理,以改进质量管理体系的有效性。

3 职责

3.1 最高管理者负责在机构所在范围内营造持续改进的氛围,对重大改进项目进行决策。

3.2 质量负责人和技术负责人是质量管理体系持续改进活动的责任对象及部门。

3.3 检测部门是检测质量和检测过程改进活动的责任部门。

3.4 各有关部门负责组织改进项目的实施。

4 工作程序

4.1 总则

4.1.1 改进应着眼于改善产品特性以及提高过程的有效性和效率,改进的基础在过程。为此,可采取的措施有:

(1) 测量和分析现状,找出薄弱环节和制约检测特性、过程效益发挥的关键。
(2) 确立改进目标,即改进的预期效果。
(3) 研究可能的解决问题的方案。
(4) 评价和选择方案。
(5) 实施所选定的方案。
(6) 测量、验证和分析实施的结果。
(7) 使成功的措施规范化,即纳入文件的永久更改。

4.1.2 必要时对结果进行评审,以确定进一步改进的机会。改进应是持续的活动,以确保检测工作、质量体系的不断完善,不断提高公司的检测水平。

5 相关文件

5.1 《内部审核程序》

5.2 《管理评审程序》

预防措施程序

1 目的

对管理体系或技术运作过程中潜在的不符合，采取预防措施，以实现管理体系的持续改进。

2 范围

适用于机构对可能发生潜在不符合的预防控制的管理。

3 职责

3.1 最高管理者
负责重大预防措施的批准。

3.2 技术负责人
负责检测工作技术运作方面预防措施的评价和批准工作。

3.3 质量负责人
主持管理体系改进工作，负责管理体系运行过程中质量管理方面的预防措施的评价和批准工作。

3.4 质量监督员
负责预防措施实施的监督和跟踪验证。

3.5 相关部门、岗位
负责预防措施的制定和实施。

4 工作程序

4.1 持续改进。

机构通过质量方针和目标的落实贯彻、内外部审核结果、客户投诉、信息反馈、数据分析、纠正和预防措施的实施及管理评审的结果，寻找体系持续改进的机会，持续改进管理体系的有效性。

4.2 预防措施。

4.2.1 潜在不符合的识别。潜在不符合的信息来源包括市场调查、行业信息、政府文件、媒体报道、内审、外审、管理评审、质量趋势及客户和社会的要求和期望、本公司间比对或能力验证结果等方面。各部门、岗位人员应就质量管理和技术运作各环节与相关的管理工作，收集、报告潜在不符合的有关信息。如检测室负责检测过程潜在的不符合的收集和报告，综合办公室负责客户反馈信息的收集和报告等。

4.2.2 潜在不符合的原因分析、预防措施计划的制定。

（1）责任部门、责任岗位或有关人员对已识别的潜在不符合进行原因分析，如人力资源、仪器设备、客户要求、方法和程序及数据分析，确定潜在不符合的原因和改进的机会，见预防措施识别实施验证表。

（2）制定目的在于消除潜在不符合原因，防止不符合发生的预防措施计划。

（3）预防措施计划需经质量/技术负责人评价和批准，以确保其适宜有效性。质量负责人负责质量管理方面预防措施的评价、批准，技术负责人负责技术运作方面预防措施的评价、批准。

4.2.3 预防措施计划的实施。

（1）相应责任岗位人员负责落实确定的预防措施的实施。

（2）质量监督员进行预防措施实施的跟踪验证，并评价其有效性。若未达到要求，应重新分析原因，制定预防措施。

4.3 预防措施若引起文件的更改，按《文件控制和管理程序》执行。

4.4 资料管理员保存预防措施的原因分析、制定、实施和验证的有关记录，并提交管理评审。

5 相关文件

5.1 《文件控制和管理程序》

5.2 《不符合项处置程序》

5.3 《记录的控制程序》

5.4 《内部审核程序》

5.5 《管理评审程序》

6 记录

预防措施识别实施验证表

预防措施识别实施验证表

单位名称：

责任部门：
问题描述：   日　期：　年　月　日
纠正或预防措施：   审批人： 日　期：　年　月　日
完成日期及情况：   实施人： 日　期：　年　月　日
验证情况：   验证人： 日　期：　年　月　日

记录管理控制程序

1　目的

为保证对检测活动的复现、验证和追溯，确保记录和档案的完整和安全，编制本程序。

2　适用范围

适用于各种质量活动和检测记录的控制及档案的管理。

3　职责

3.1　质量负责人

3.1.1　负责组织建立实验室的全部记录。

3.1.2　批准记录的借阅与销毁。

3.1.3　维护本程序的有效性。

3.2　技术负责人

负责技术记录的管理。

3.3　技术组

归整、管理和保存各类文件、记录。

3.3.1　资料管理员负责记录的收集、分类（卷）、标识、编目归档、保管以及记录的借阅、回收和销毁。

3.3.2　仪器设备管理员负责仪器设备管理记录的整理和控制。

3.3.3　化学试剂管理员负责试剂管理记录的收集整理、归档和控制。

3.3.4　样品管理员负责样品管理记录的收集整理、归档和控制。

3.4　检测组

指派人员负责本室记录的整理、归档和控制。

3.5　检测员

应在质量活动和技术活动中认真、及时记录活动的过程和数据。

4　程序

4.1　记录的分类

可将记录分为两大类，即管理记录和技术记录。

4.1.1　质量管理体系运行中形成的记录为管理记录，主要包括：

（1）内部审核和管理评审记录。

（2）纠正、预防和改进措施记录。

（3）人员培训和考核记录。

（4）投诉处理记录。

（5）质量管理体系文件控制记录。

(6) 服务和供应品的采购记录。
(7) 合同评审记录。

4.1.2 技术记录包括：
(1) 检测原始记录。
(2) 实验室间比对或能力验证记录。
(3) 仪器设备运行检查记录。
(4) 报告及副本。
(5) 分包记录。

4.2 记录的收集

4.2.1 质量检测室各室组按照各自的职责范围，对已完成的质量活动，按照规定的记录格式认真记录并整理收集。

4.2.2 检测原始记录应完整地记录规程、标准中规定的信息，包括检测的观察结果、数据处理结论，以及影响不确定度的各种因素，检测过程的可复现性。记录中还应包括检测人员和结果核验人员的签名。

4.2.3 经调修后合格的计量器具，其调修前后的数据和调修内容均应记录。

4.3 记录的格式

4.3.1 管理记录格式由综合办公室负责人组织编制并审核，报质量负责人批准，交综合办公室备案。

4.3.2 技术记录格式由各检测室负责人组织制定并审核，报技术负责人批准，交综合办公室备案。

4.3.3 记录格式需要更改时，执行《文件控制和管理程序》有关文件更改的规定。

4.4 记录填写规范

4.4.1 填写要求
(1) 所有记录必须按照管理体系文件中受控的记录格式填写。
(2) 所有记录应采用钢笔或碳素笔填写，应做到内容完整、文字简洁、字迹清晰。
(3) 记录是机构质量和技术活动的真实记载。记录应包含足够的信息，以便在可能情况下找出影响检测结果不确定度的各不确定度分量。
(4) 原始记录应完整地记录标准方法、规范中规定的信息，包括检测条件、检测过程、计算公式、数据处理、检测结果、质控记录以及影响不确定度的各种因素，确保检测过程的可复现性。记录中还应包括抽样人员、检测人员和校对人员的签名。对记录表中无内容可填的空白栏，应用"/"标记或"以下空白"标记。
(5) 所有记录应有该记录的填写人员的签字及相关的审核或批准人员签字。
(6) 对检测过程中有必要说明的问题，应记录在附加声明内。

4.4.2 涂改要求

原始检测记录由于笔误需要涂改的，不允许以修正液和涂抹方式修改，正确的涂改方法是在错误处画一道斜线，在其旁边补上正确的文字或数字，并加盖更改印章或签名。

4.4.3 数值修约
(1) 检测结果应采用国家法定计量单位。

（2）采用原始数据进行数据处理，应遵循测量误差和数据处理计算规则。

（3）在标准没有详细规定数值修约方式时，采取四舍六入五单双，奇进偶不进的数值修约规则。

（4）检测数据的有效数字应在检测方法和检测仪器的灵敏度内。除末位外，其他数字均应为准确测出，末位是可疑数字。

4.5　检测原始记录的校对和整理

4.5.1　检测人员填写原始记录后，应由有上岗资格的人员对原始记录中的计算、数字修约和判定进行校对，并在原始记录上签名。

4.5.2　检测和校对工作结束后，检测人员负责对所有原始记录进行整理、装订并交结果报告编制人作为出具结果报告的唯一依据。

4.6　记录的标识和编目

4.6.1　文件管理员按照记录的分类，分别建立各项记录档案。每一归档案卷都有一个案卷号，一般按年份顺序编号。

4.6.2　记录档案按记录的分类进行编目和标识，文件管理员建立并维持案卷目录，以方便对记录进行检索和管理。

4.7　记录的归档

4.7.1　各项质量和技术活动记录（或报告）经整理编目后，应及时交文件管理员归档，并认真履行交接手续。

4.7.2　质量和技术活动记录或报告归档时，由文件管理员对记录进行分类和编号，每一案卷内应详细登记，建立可以查询的索引目录。

4.7.3　存档的记录未履行手续不得更改、查阅。

4.7.4　存放记录的场所应干燥整洁，具有防盗、防火设施，室内严禁吸烟或存放易燃易爆物品，外来人员未经许可不得入内。

4.7.5　对一些持续进行的质量和技术活动（如检测记录等），可定期交由文件管理员归档。

4.8　记录的保存

4.8.1　管理评审、内部审核的相关记录由质量负责人保存，保存期不少于六年。

4.8.2　检测员、内部审核人员的培训和考核等记录由技术组保存，对技术人员的技术档案则应长期保存。

4.8.3　实验室间比对和能力验证记录、申诉和投诉处理记录，文件控制记录，计量标准及配套设备的检定证书原件由技术组保存，保存期根据记录的性质确定。

4.8.4　检测原始记录、仪器设备运行检查记录、现场检测记录、仪器设备维护记录由检测组保存。

4.8.5　合同评审记录、委托检测的原始记录和检测报告的副本由业务组保存。

4.9　记录的借阅和复制

4.9.1　检测室员工因工作需要借阅记录须经质量负责人批准，复制记录须经质量负责人批准。

4.9.2　外单位人员一般不得借阅和复制记录，确因需要须经质量负责人批准，并在文件管理员的监督下进行。

在遵守《保护客户机密信息和所有权程序》要求的前提下，记录在下列情况下可以对外提供：

（1）向有关评审部门及人员提供证实材料。

（2）向客户提供涉及本身及机构信息的查询，以提高对机构检测工作质量和质量活动的充分满意和信任。

（3）借阅、复制记录应办理登记手续，借阅人不得泄密和转移借阅，不得在记录上涂改、画线等，阅后及时交给管理人员，并办理注销手续。

4.10 记录的保密

4.10.1 记录应存放在指定场所，并采取保密措施。

4.10.2 借阅人员未经许可不得复制、摘抄或将记录带离指定场所，不得查阅无关记录。

4.11 记录的销毁

保存的记录如超过保存期，由资料管理员提出销毁申请，经最高管理者批准后，由管理员执行销毁，并填写文件档案销毁清单。

5 相关文件

5.1 《保护客户机密信息和所有权程序》

5.2 《文件控制和管理程序》

6 相关记录

6.1 文件档案销毁清单

6.2 文件销毁申请表

文件档案销毁清单

单位名称:

序号	文件名称	文件编号	实施日期	销毁日期	销毁数量	销毁批准人	备注

文件销毁申请表

单位名称：

序号	文件名称	文件编号	版本	份数

销毁原因：

申请人：　　　　　　　　日期：　年　月　日

文件审核意见：

签名：　　　　　　　　　日期：　年　月　日

最高管理者意见：

签名：　　　　　　　　　日期：　年　月　日

注：技术文件的审核范围由技术负责人审核，其他文件的审核范围由质量负责人审核。

内部审核控制程序

1　目的

定期对质量管理体系进行内审,验证质量体系是否符合标准要求,是否得到有效的保持、实施和改进。

2　适用范围

适用于机构的管理体系所覆盖的所有区域和所有要素的内部审核。

3　职责

3.1　最高管理者
3.1.1　批准年度内部审核计划。
3.1.2　确保内部审核所需的资源。

3.2　质量负责人
3.2.1　全面负责策划和实施管理体系内部审核工作。
3.2.2　制定年度内部审核计划。
3.2.3　确定内部审核组长和审核员。
3.2.4　批准管理体系内部审核报告。
3.2.5　向最高管理者报告内部审核结果。
3.2.6　负责维护本程序的有效性。

3.3　内审员
3.3.1　协助质量负责人编制和组织实施年度内部审核计划。
3.3.2　负责内部审核资料、记录的保管。
3.3.3　编制、实施本次内部审核实施计划。
3.3.4　编写管理体系内部审核报告。
3.3.5　开展内部审核工作。

3.4　各室组和相关人员积极配合内审员开展审核工作,负责纠正、预防措施的组织实施

3.5　综合办公室负责内部审核活动资料的保存、归档

4　程序

4.1　年度内部审核计划

4.1.1　根据受审核区域及其活动的状况和重要程度,并根据以往审核结果,质量负责人策划实验室年度审核方案,编制"年度内部审核计划"。年度内部审核计划应包括:审核要素、涉及的部门;审核的时间安排;审核的预期目的。完成后报最高管理者审核批准。

4.1.2　内部审核每年不少于一次,并要求覆盖机构管理体系的所有要素和所有部

门。出现以下情况时,由质量负责人策划并上报最高管理者批准,及时组织附加内审:

(1) 组织机构、管理体系发生重大变化。

(2) 出现重大质量事故或客户对某一环节连续投诉。

(3) 发生严重不符合检测工作或偏离实验室的政策、程序时;法律、法规、技术标准/规范/规程及其他外部要求的变化。

(4) 在接受第二方、第三方审核之前。

4.2 内部审核准备

4.2.1 内审员应由经过培训并熟悉管理体系、由最高管理者任命的人员担任。

4.2.2 质量负责人负责组织落实审核组,确定审核组成员,指定审核组长。

4.2.3 审核组长负责本次内审的具体组织实施工作,只要人力资源允许,安排审核任务时注意内审员不审核与自己工作直接相关的部分。

4.2.4 审核组长组织审核组成员编制本次内部审核计划实施表,经质量负责人审核后,上报最高管理者批准。内部审核计划实施表内容包括:

(1) 审核目的、范围、依据和方法。

(2) 审核组成员及分工。

(3) 审核要点。

(4) 审核日程安排等。

4.2.5 在了解受审核室组的具体情况后,审核组长组织编写内部审核检查记录表,详细列出审核内容、审核方法。内部审核检查记录表力求覆盖审核计划范围、审核方法明确,经审核组长审核后,由质量负责人批准。

4.2.6 综合办公室应配合组织、协调内部审核实施工作,提前向受审核室组发出内部审核计划实施表,并将内部审核检查记录表及内部审核相关资料提供给各审核员。

4.2.7 受审核室组接到内部审核计划实施表后应注意的事项:

(1) 如对审核安排有异议,可在审核三天前通知综合办公室和内审组,通过协商调整审核计划。

(2 做好必要的审核准备工作。

4.3 内部审核实施

4.3.1 首次会议

(1) 参加会议人员为最高管理者、内审组成员、业务组成员。

(2) 审核组长主持会议,业务组人员做记录,与会人员签到。

(3) 会议内容为由审核组长介绍本次内部审核目的、范围、依据、方式、日程安排及有关事项。

4.3.2 现场审核

(1) 审核组成员按照内部审核实施计划开展内审工作,并根据内部审核检查记录表进行检查。

(2) 审核过程中审核员应公正、客观、实事求是。

(3) 审核员应及时记录内审中发现的问题,其中不符合项的客观证据,要当场与该项工作的负责人或当事人进行确认,以保证被审核的室组理解和接受,便于纠正。

(4) 审核员应及时记录内审中发现的潜在不符合问题,通知受审核室组负责人,并报告审核组长。

(5) 审核组长应每日召开内审碰头会,及时交流当天审核情况,对不符合项进行整理、评议。

(6) 审核组长在现场审核完成后,依据实验室认可准则、管理体系文件、有关法律法规及技术标准/规范/规程要求,必要时还要依据检测合同的要求,确认不符合项,讨论内部审核结论。

4.3.3 不符合项报告

"不符合项报告"内容包括:

(1) 受审核部门或岗位。

(2) 不符合项陈述,明确不符合管理体系文件的具体条款。

(3) 责任室组确认。

(4) 责任室组进行原因分析。

(5) 责任室组制定纠正/预防措施。

(6) 工作的负责人或当事人进行确认,以保证被受审核的室组理解和接受,便于纠正。

(7) 审核员应及时记录内审中发现的潜在不符合问题,通知受审核室组负责人,并报告审核组长。

(8) 审核组长应每日召开内审碰头会,及时交流当天审核情况,对不符合项进行整理、评议。

(9) 审核组长在现场审核完成后,依据实验室认可准则、管理体系文件、有关法律法规及技术标准/规范/规程要求,必要时还要依据检测合同的要求,确认不符合项,讨论内部审核结论。不符合项按其性质可分为以下三类:

1) A类:体系性不合格。质量体系文件不完备,缺少某些程序文件,使某些要素失去或部分失去控制,造成与有关法律、法规质量保证标准、合同等的要求不符。

2) B类:实施性不合格,未按文件规定实施。

3) C类:效果性不合格。体系文件的规定符合标准或其他文件要求,也确实实施了,但由不够认真或偶发原因而导致效果未能达到规定要求。

4.3.4 末次会议

(1) 参加会议人员:最高管理者、内审组成员、相关室组人员及办公室成员。与会人员签到。

(2) 审核组长主持会议,办公室人员做记录。

(3) 会议内容:由审核组长重申内部审核目的,宣读"不符合报告",提出纠正或预防措施要求及完成日期;口头宣布"管理体系内部审核报告"。

(4) 质量负责人和相关人员讲话。

4.3.5 纠正或预防措施的跟踪验证

(1) 各责任室组和人员接到"不符合项报告"后,按要求分析原因并制定纠正或预防措施,责任室组负责人和审核员确认签字后报审核组。重大的纠正或预防措施需经质量负责人审核,报最高管理者批准。

(2) 内审员按预定日期对纠正或预防措施实施情况进行跟踪检查,验证其有效性,在"不符合项报告"中填写验证评价。原则上谁开具不符合项报告谁负责跟踪验证,特殊情况可由质量负责人另行授权,但需保证跟踪验证人员了解有关审核背景。

(3) 如不符合项的整改在规定时间内未完成或未达到预期效果,审核组长应向质量负责人报告,由其做出处理。

(4) 每个"不符合项报告"的纠正或预防措施得到有效验证后才允许关闭。如果不符合项可能影响检测的结果,经质量和技术负责人确认批准后书面通知客户。

4.3.6 内部审核总结报告

现场审核结束后一周内,审核组长编写管理体系审核总结报告报质量负责人批准。综合办公室将其登记并发送至最高管理者、技术负责人、质量负责人、受审核室组和相关人员。报告内容包括:

(1) 受审核室组、审核目的、范围、方法、依据和日期。
(2) 内部审核参加人员及职务。
(3) 内部审核综述。
(4) 不符合项报告。
(5) 内部审核不符合项分析。
(6) 改进建议。
(7) 商定的纠正措施及其完成时间,以及负责实施纠正措施的人员。
(8) 采取的纠正措施。
(9) 确认完成纠正措施的日期。
(10) 质量负责人确认完成纠正措施的签名。

4.4 文件的保存

内部审核工作全部结束后,审核组长应执行《记录的控制程序》,整理出内审相关的所有资料、文件和记录,并移交资料管理员保存。

4.5 质量负责人将内部审核总结报告报管理评审会议评审

5 相关文件

5.1 《不符合项处置程序》
5.2 《纠正措施程序》
5.3 《记录的控制程序》

6 记录表格

6.1 年度内部审核计划
6.2 内部审核计划实施表
6.3 内部审核日程表
6.4 会议记录
6.5 内审不符合项总结
6.6 内部审核检查记录表
6.7 内审不符合报告
6.8 管理体系内部审核报告

年度内部审核计划

单位名称：

一、内部审核目的：
二、内部审核准则：
三、内部审核范围：
四、内审组组长和成员：
五、内部审核频次：
六、内部审核方法：
七、内部审核安排：
八、报告内部审核结果：
备注：

编制：　　　　　　　　　　　　　　编制时间：　年　月　日
审批：　　　　　　　　　　　　　　审批时间：　年　月　日

内部审核计划实施表

单位名称：

审核目的	
审核范围	
审核依据	
审核时间	
审核组成员	

计划安排			
实施项目及要点	计划时间	负责人	协助人

编制： 日期：　年　月　日	审批： 日期：　年　月　日

内部审核日程表

单位名称：

日程		审核部门	审核要素	审核组	审核地点	备注
说明						

编制：　　　　　　审批：　　　　　　日期：　　年　月　日

会议记录

单位名称:　　　　　　　　　　　记录编号:

会议议题			
时　　间		地　　点	
主 持 人		记 录 人	

会议概要:

注:会议概要栏不够时,可添加附页。

内审不符合项总结

单位名称： 记录编号：

序号	《实验室资质认定评审准则》条款	不符合条款	不符合项描述	被审核部门	责任部门或人员

内部审核检查记录表

单位名称：　　　　　　　　　　　　　　　　　　　　　记录编号：

受审部门		审核员		审核时间	
条款	审核内容	审核方法		审核记录	结论
					□符合 □不符合 □不适用
					□符合 □不符合 □不适用
					□符合 □不符合 □不适用

内审不符合报告

单位名称:		报告编号:	
受审核部门:		部门负责人:	
内审员:		审核日期:	

不符合事实陈述:
内审员:　　　　　　　　　　　　　　　　　　　　　　　部门负责人: 　　年　月　日　　　　　　　　　　　　　　　　　　　　　年　月　日

建议纠正措施计划: 部门负责人:　　　　年　月　日 内审员认可:　　　　年　月　日	批准纠正措施计划: 质量负责人:　　　　年　月　日

纠正措施完成情况: 　　　　　　　　　　　　　　　　　　　　　　　　部门负责人:　　　年　月　日

纠正措施的验证: 　　　　　　　　　　　　　　　　　　　　　　　　内审员:　　　　年　月　日

管理体系内部审核报告

单位名称：			报告编号：	
审核目的				
审核范围				
审核依据				
被审核部门				
审核组长及成员		审核日期		

审核过程概述：

不符合项分布情况及说明：

质量体系运行情况的综合评价：

存在的主要问题：

纠正措施要求：

备注

内审组长： 年 月 日

管理评审控制程序

1 目的

为保持管理体系运行的持续适应性和有效性,定期对质量管理体系进行评审,为改进、完善体系提供依据,确保得出的相应变更或改进措施予以实施。

2 适用范围

适用于管理层对管理体系适应性、有效性和检测或校准活动有效性的评审,包括对质量目标的评审。

3 职责

3.1 最高管理者

3.1.1 主持管理评审。

3.1.2 批准管理评审计划、议定的纠正和预防措施及管理评审报告。

3.1.3 维护本程序的有效性。

3.2 质量负责人

3.2.1 协助最高管理者制定管理评审计划,组织落实管理评审会议有关评审议题的报告。

3.2.2 参加管理评审,负责向最高管理者报告内部审核结果和管理体系运行情况,提出改进建议,编写管理评审报告。

3.2.3 负责组织落实管理评审议定改进措施的实施,并对其有效性进行跟踪验证。

3.3 技术负责人

3.3.1 参加管理评审,报告实验室间比对和能力验证结果、工作量和工作类型的变化和质量控制活动情况。

3.3.2 报告实验室检测/校准能力和资源情况。

3.4 相关室组负责人按管理评审会议议题要求准备相应的报告

3.5 资料管理员负责归档保存管理评审的记录

4 程序

4.1 管理评审计划

4.1.1 管理评审通常每年年初由质量负责人根据上一年度的管理评审输出要求编制本年度的管理评审年度计划(除体系首次运行以外),计划时间应精确到月,经最高管理者批准。每年至少进行一次(年度管理评审)。

4.1.2 在下列情况下,最高管理者可适时安排专题管理评审:

(1) 机构组织结构、检测/校准任务、资源发生重大变化与调整时。

(2) 发生重大质量事故或相关方连续投诉时。

(3) 法律、法规、标准(包括技术标准/规范/规程)及其他外部要求发生变化时。

(4) 最高管理者认为有必要时,如机构认可之前或之后、监督评审之前或之后等。

4.1.3 年度管理评审计划应包括：
（1）评审目的。
（2）参加评审室组/人员。
（3）评审内容。
（4）评审的准备工作要求。
（5）评审时间安排等。
附加管理评审计划可参照年度管理评审计划，但内容可列专题。

4.2 管理评审计划的实施

4.2.1 质量负责人应在管理评审计划月份到达前的 1 个月制定管理评审实施计划，计划应明确审核的目的、具体时间（精确到日）、参加审核的人员、参加人员需要提交的汇报材料。

4.2.2 管理评审实施计划应经过最高管理者批准。

4.2.3 批准后的管理评审计划交由综合办公室，编制管理评审通知，并通过内部沟通方式传达到相关人员。

4.2.4 相关人员接到通知后，在规定的时间内提交责任范围内的总结报告，输入总结的范围按质量手册中的要求进行，并由以下规定人员提交总结：

（1）前次管理评审中输出要求的完成情况总结：由质量负责人负责汇报。汇报要点包括输出要求内容、完成方式、完成情况、完成情况的持续有效性、有无进行跟踪验证、有无需要改进的地方。

（2）质量目标完成情况总结：由质量负责人负责汇报。汇报要点包括提交质量目标的核算记录，质量目标是否达到文件规定要求的结论描述，是否需要对质量目标进行调整的建议。

（3）政策和程序的适应性总结：由最高管理者或其授权人负责汇报。汇报要点包括外部法律法规、认证机构对检验检测机构资质认定评审要求的变化情况；内部组织结构、发展方向的变化情况；现行的体系文件对这些变化的要求的覆盖和细化情况；是否需要对体系文件描述进行调整的建议。

（4）管理和监督人员的工作总结报告：由管理层人员和质量监督员汇报。汇报要点包括管理层人员针对体系文件中规定的职责对履行这些职责的情况、履行过程中遇到的问题、问题的解决情况、职责范围内改进的建议、质量监督的范围、频次、发现的问题、纠正完成情况、纠正后活动的持续有效性、监督环节的调整、合理化建议。

（5）近期内部审核的结果总结：由内审组长汇报。汇报要点包括内审的时间、内审的实施整体情况、内审中发现的不符合项完成情况、因不符合项的纠正实施了哪些方面的改进、内审合理化的建议。

（6）纠正措施和预防措施总结：由质量负责人负责汇报。汇报要点包括年度各项活动中发现的不符合项采取的纠正措施的总结数量、完成情况、改进的环节，预防措施的识别数量、来源、采取的预防措施有效性、改进的环节。

（7）由外部机构进行的评审总结：由质量负责人负责汇报。汇报要点包括有无外部机构的评审、哪些外部机构（认证管理部门、行业管理部门、行政管理部门）开展了评审、评审的情况及结论、评审的整改完成情况、评审活动对哪些环节进行了改进。

（8）实验室间比对和能力验证的结果总结：由技术负责人负责汇报。汇报要点包括哪些项目开展了实验室间比对和能力验证，为什么开展、开展的结果如何、如何应用这些结果、有无对存在的不符合或不满意结果进行的分析和纠正、纠正是否获得认证。

（9）工作量和工作类型的变化总结：由技术负责人负责汇报。汇报要点包括现有的工作量和工作类型是否满足组织发展要求，是否需要增加或减少工作量和工作类型、为什么需要调整工作量和工作类型、调整哪些工作量和工作类型、需要什么支持、什么时间调整到位或执行、执行后如何验证、何时开展评审。

（10）申诉、投诉及客户反馈总结：由质量负责人负责汇报。汇报要点包括年度收集或受理了多少申诉、投诉及客户反馈、多少正面的、多少负面的，申诉、投诉及客户负面反馈如何分析、纠正、反馈并获得客户认证的，哪些方面是最好或问题严重的、是否借此对体系哪些环节进行了改进的。

（11）改进的建议总结：由相关人员负责汇报。汇报要点包括在各类总结汇报中写明的内容。

（12）质量控制活动总结：由技术负责人负责汇报。汇报要点包括根据质量控制计划完成了多少质控、质量数据的趋势反映、根据新的标准的实施质量方式是否需要调整、如何调整、调整后执行的频次、下年度的质量控制计划内容是否需要改进的建议。

（13）资源以及人员培训情况总结：由技术负责人负责汇报。汇报要点包括年度资源（人力资源、设备资源、耗材资源、场地资源、技术资源）的使用情况，是否满足年度工作的要求，人员进行了哪些方面的培训，培训的频次，培训达到的效果，通过培训发现的问题，改进的情况。根据下年度的发展方向、项目结构调整情况，需要哪些资源配置、需要对人员进行什么培训、培训应达到什么程度。

4.3 管理评审准备工作

4.3.1 质量负责人和技术负责人分别组织落实管理评审会议文件和报告。

4.3.2 相关负责人准备并提交与本室组工作有关的管理评审所需资料。技术方面的材料要提供各种数据和分析，例如：比对或能力验证数据，分析评价数据，质量控制水平，统计分析结果培训人数，员工考核分数等；管理方面的材料应当有足够的客观证据和具体的行为对象，如涉及的文件、部门、事件、人员、设备、设施，包括员工的合理化建议等，并如实反映质量事故的严重程度和损失的数额等。

4.3.3 最高管理者决定专题管理评审时，视评审内容责成质量负责人或技术负责人适时制定专题管理评审计划。

（1）与技术运作有关的专题管理评审准备工作由技术负责人负责，检测组配合。

（2）与质量管理和支持服务有关的专题管理评审准备工作由质量负责人负责，业务组配合。

4.3.4 评审计划由综合办公室通知每一位与会者。与会者应根据管理评审的内容和要求认真准备与自己分管工作有关的会议文件，向管理评审会议做书面报告。

4.3.5 与专题管理评审有关的人员收到专题"管理评审计划"后，按要求准备和提供专题管理评审所需资料。

4.4 评审活动

4.4.1 管理评审会议由最高管理者或授权管理者代表主持。"管理评审通知"召集的各室组负责人和有关人员参加并签到，指定人员做记录，并整理会议纪要。

4.4.2 技术和质量负责人应分别向管理评审会议书面报告上次评审以来管理体系运行和技术运作的总体情况，各有关室组按管理评审计划的要求作专项报告。

4.4.3 会议按确定的评审内容进行逐项评审。

4.4.4 最高管理者对所涉及的评审内容做出结论，对管理体系持续的适宜性、充分性和有效性做出评价。对评审后的改进活动提出相应的整改措施和要求。

4.4.5 质量负责人负责填写纠正和预防措施处理单，落实责任室组、限定完成日期。

4.5 管理评审报告

4.5.1 质量负责人负责编制管理评审报告，经最高管理者批准后，分发到相关室组/人员。

4.5.2 管理评审报告内容包括评审日期、参加人员、评审目的、评审依据、评审内容、评审过程、评审结论、不符合项说明、不符合项整改措施具体建议、下一年度的目标和活动计划等。

4.6 整改措施的实施与跟踪验证

4.6.1 业务组协助质量负责人根据管理评审结果编制纠正/预防措施实施报告，质量负责人审核后报最高管理者批准。责任室组根据纠正/预防措施实施报告的要求在规定的时间里完成。质量负责人对整改措施的实施效果进行跟踪验证，当确认整改效果达到预期要求后即可关闭整改活动，并将改进实施效果向最高管理者报告。

4.6.2 对专题管理评审，如认可现场评审后的附加管理评审，应就整改结果提出"整改报告"整改报告的内容包括整改计划、整改方案、整改结果、整改措施见证材料等。

4.6.3 质量负责人应将本次管理评审的文件归档。待下次管理评审时将上次评审的整改执行情况作为首项评审内容。

4.7 文件归档保存

管理评审全部结束后，质量负责人应执行《记录的控制程序》，收集与管理评审相关的所有资料、文件和记录清单，并移交资料管理员归档保存，保存期限至少6年。

4.8 预防措施

最高管理者应高度重视来自管理评审的信息，当发现管理体系屡次出现同一性质的问题时，应与技术和质量负责人分析原因并采取积极、有效的预防措施，避免管理体系的运作发生偏离。

5 相关文件

5.1 《记录的控制程序》

5.2 《纠正措施程序》

6 记录表格

6.1 管理评审年度计划

6.2 管理评审实施计划

6.3 管理评审通知

6.4 管理评审日程表

6.5 管理评审报告

管理评审年度计划

单位名称：

评审目的	
评审依据	
时间安排	
参会人员	
会议地点	
评审内容	(1) 质量方针的贯彻情况与质量目标的实现情况□ (2) 政策和程序的适用性□ (3) 各项程序文件是否有效、合理□ (4) 管理和监督人员的报告□ (5) 近期内部审核的结果□ (6) 纠正措施和预防措施实施效果□ (7) 由外部机构进行的评审结果□ (8) 实验室间比对或能力验证的结果□ (9) 工作量和工作类型的变化□ (10) 上年度管理评审中提出整改措施的整改效果□ (11) 客户的反馈意见□ (12) 客户投诉□ (13) 改进的建议□ (14) 其他相关因素，如质量控制活动、资源以及员工培训等□

编制：　　　　　　审核：　　　　　　日期：　　　年　　月　　日

注：1. 本计划由质量负责人制定，最高管理者批准后，由综合办通知每一位与会人员；
　　2. 如遇时间安排等困难，不能准时到会的，应提前提出申请；
　　3. 请参加管理评审的有关人员，按照评审内容准备文件。

管理评审实施计划

单位名称：

评审会议时间	
评审目的	
评审范围	
评审依据	
评审会议地点	
主持人	
参加人员	

评审内容（管理体系充分性、适宜性、有效性和效率等）与顺序	负责人

评审准备工作要求	

编制： 批准：
日期： 年 月 日 日期： 年 月 日

管理评审通知

单位名称：

评审会议时间		评审会议地点	
参加评审人员：			
评审内容安排：			

编制：　　　　　　　　　　　　　　　时间：　　年　月　日

管理评审日程表

单位名称：

日期	时间	工作内容	备注

会议人员	主持人		
	参加人		

编制人：　　　　　　　　　　　　　　　　　　　批准人：
日　期：　　年　月　日　　　　　　　　　　　　日　期：　　年　月

管理评审报告

单位名称:

评审目的	
评审范围	
评审时间	评审地点
参会人员	
评审要点	
评审综述	
改进和调整			
序号	内容	责任部门	完成时间
发放范围	

编制:　　　　　审核:　　　　　　　　日期:　　年　月　日

方法的选择和确认控制程序

1 目的

为保证检测结果的正确性和有效性，确保检测方法现行有效，控制由于使用方法不当对检测构成不良影响，编制本程序。

2 适用范围

适用于检测方法的选择：自行开发设计的检测方法的确认，检测方法的变更和偏离。

3 职责

3.1 检测组负责人

3.1.1 提出本检测室的执行标准。

3.1.2 收集非标准的检测方法。

3.1.3 组织制定自编方法。

3.2 技术负责人

3.2.1 负责开展的检测项目的检测方法及作业指导书应用的批准，负责对偏离标准方法（非标方法）的批准。

3.2.2 负责维护本程序的有效性。

3.3 资料管理员

3.3.1 建立检测标准档案。

3.3.2 收集保存非标准检测方法。

4 程序

4.1 检测方法的选择和确认

4.1.1 在体系运行之初，检测室应根据所开展的检测项目及质量手册中方法的选择原则，选用适合的检测方法开展检测，以满足预期用途，并形成技术标准一览表，报综合办公室管理。

（1）为减小风险，机构的检测依据首选以下正式颁布的标准：国际和区域标准；本国与其他国家的标准；本国的行业标准或政府发布的技术规范；本国地方标准；企业标准；知名技术组织或科学书籍与期刊公布的方法；制造商指定的方法。

1）客户指定检测所用方法时，经合同评审人员审定，如果符合测试要求，应采用客户指定的方法进行检测工作。

2）当客户未指定检测所用方法时，应选择国家标准发布的方法或行业、地方发布或经标准化管理部门备案的标准，并在试验工作中采用。

3）若采用有关科学文献和期刊公布的或由设备生产厂家指定有关方法进行检测时，这些方法在使用前应经过适当的技术验证、批准并被客户认可。

4）当客户未指定检测所用方法，又没有相应的国家标准方法以及行业、地方发布或经标准化管理部门备案的标准使用时，可在征得客户同意的前提下选用本公司制定的方法或非标准方法。

5）如果客户提出的方法不合适或已过时应向客户做出说明。在检测前，有关人员应确认能够正确运用所使用的标准或非标准方法，如果方法标准发生变化，应重新予以确认。

（2）当旧标准已经过期作废时应及时更新，以保证以上标准是现行有效的。为此技术组应当组织标准的查新和收集。当使用外部企业标准检测时，要关注所有权侵权问题。

（3）当所用标准存在理解、操作等困难时，技术组应组织相关检测组负责人编写检测细则或补充细则，以保证对标准实施的一致性和有效性。检测细则应形成正式的书面文件并应经过编制、审核和批准的手续以保持该文件的有效性。当需要对检测细则进行调整或修改时，也应当履行审批手续。

（4）当客户指定的检测标准和要求在认可的能力范围内时，接受委托检测无须对机构的能力和客户的要求再进行合同评审。只要与客户签订检测合同（协议）后即可执行检测任务。

（5）当客户委托检测未指定方法时，应首选机构认可能力范围内推荐的检测方法，当不能满足要求时则应在本程序所列方法中推荐检测方法。所推荐的方法应获得客户的书面同意。

4.1.2　机构制定的检测方法

（1）当需要自行制定方法时，应由技术负责人制定编制计划，该计划应指定具有足够资格的人员进行。计划应随方法制定的进程加以调整，并确保所有有关人员之间的有效沟通。方法的格式和内容应按有关规范或参照列出的正式颁布的标准编制。编制的方法应由技术负责人组织确认和评审。

（2）技术负责人应将经确认和评审的方法报最高管理者，由最高管理者批准。

（3）当需要更改已编制的方法时，应经技术负责人批准，必要时应重新确认和评审，确认和评审结果以及必要的改进应予以记录保存。

（4）自行编制的方法以及更改后的方法应让所有的执行人员都知道，必要时应由技术负责人组织宣贯和培训，以确保所有有关人员之间的沟通。

4.1.3　检测方法的确认

（1）在获得正式的方法有效版本后，由技术负责人组织相关检测部按预期用途进行评价所确认的方法得到结果的范围和准确度，应满足客户的需求从软件条件、硬件条件两方面对方法的适用性进行确认，并形成方法适用性评价表，经技术负责人审核批准后采用。确认的内容包括：

1）确认方法是否是对应项目在本检测领域中常用的方法。

2）确认方法内容中是否对环境条件、设施设备、样品提出要求，这些要求涉及项目开展部门现有软硬件条件是否满足。

3）确认检测人员是否具备或有能力运用方法开展检测。

4）确认是否需要编制相关的支持性文件（操作规程、作业指导书等）。

（2）在确认软硬件条件都能满足后，由技术负责人下达方法适用性评价任务单，明确方法验证开展的项目、实施人员、承担部门、验证方式指标、结果控制方式及指标，并组织质量监督员实施必要的质量监督。

（3）项目承担部门及人员在接收方法适用性评价任务单下达的任务后，应在一个月内完成方法适用性验证工作。

（4）必要时，方法适用性验证过程中检测部应按《比对、能力验证控制程序》《服务和供应品控制程序》和认证部门公布的信息要求，寻求外部的能力验证或比对检测，进一步证实自我能力。

4.2 检测方法的批准

4.2.1 方法适用性验证结束后，方法验证实施人应将方法适用性评价表、方法适用性评价任务单、验证形成的原始记录、计算过程记录、设备有效溯源证明、人员上岗执业资格证明等材料进行汇总后，报技术负责人审批。

4.2.2 技术负责人审批同意后，将该方法纳入方法应用体系中，由综合办公室将方法纳入技术文件一览表中。

4.2.3 纳入技术文件一览表中的方法应由综合办公室存档一套，并根据相关部门的需求量根据《文件的控制和管理程序》进行方法的管理。

4.3 检测方法验证的应用

4.3.1 所有的检测方法在使用时应在委托单中注明，获得客户的签名同意。

4.3.2 检测现场和存档的检测方法应有现行有效的受控状态标识，现场使用的方法还应有文件分发编号。

4.3.3 综合办公室应根据4.4节要求对在用的检测方法进行定期的时效性核查，看是否存在方法标准已经过期或有替代方法已经发布或有标准修改单的发布情况：

（1）当显示有替代标准出现时，综合办公室应负责新的方法标准的收集，并由检测部按4.1.3条中的适用性评价步骤实施验证。

（2）当验证新标准可以实施后，由综合办公室填写方法变更的书面确认书，检测部提供方法适用性评价的完整记录后，由综合办公室上报认证部门进行备案。

（3）由标准管理部门公布标准的修改单后，综合办公室应收集并提供修改单给该标准的应用部门进行如下识别。

1）当修改单中对方法的步骤进行修改后，方法应用部门应重新进行方法的适用性评价，并对检测记录格式进行适当的调整。

2）当修改单中对方法的计量单位进行修改后，方法应用部门应对检测记录格式中的计量单位表述进行适当的调整，必要时还应调整检测设备的技术参数或重新购置设备。

3）当修改单中对方法的应用范围进行修改后，方法应用部门应识别是否需要扩大应用范围。

4）确认适用的修改单，应由综合办公室按《文件的控制和管理程序》发放对应方法到所有的应用人员和存档部门，修改单应贴在方法的"前言"后面。

4.3.4 综合办公室应根据《文件控制和管理程序》对受控方法中出现的方法的丢失、损坏、作废情况进行确认，并根据文件控制要求进行管理。

4.3.5 综合办公室应根据《数据保护控制程序》对方法适用性评价过程中形成的数据进行抽查核对，对利用计算机或自动设备采集、处理、记录、报告、存储或检索的数据进行抽查核对，确保数据的完整性和保密性。

4.4 检测方法的时效性确认

在体系运行过程中，每六个月应对技术标准一览表中的检测方法、评判标准进行一次时效性确认，及时将更新的方法通报给使用部门，在使用部门确认能满足预期项目的开展后，由综合办公室更新技术标准一览表。

4.4.1 检测方法确认后，应由综合办公室收集正式的检测方法有效版本。在最新有效版本的检测方法取代原来使用的检测方法时，文件管理员应及时从有关场所撤走已失效文件，及时申请销毁，需留存的加盖"作废"章予以保存。

4.4.2 所有与检测工作有关的作业指导书、标准、手册和参考资料应保持现行有效并易于检测人员查阅。相关资料均由综合办公室负责归档保存。

4.4.3 检测方法一经选定，必须严格按方法规定的步骤进行检测。对检测方法的偏离，要有相应的文件规定、经过技术判断，在验证的基础上填写方法偏离验证报告，经技术负责人审核批准，并经客户同意后实施。

4.5 检测标准、方法的变更和偏离

4.5.1 当客户提出增加、减少或改变已定的检测标准或方法时，技术负责人应与客户签订补充协议，对变动部分进行书面的约定，或由客户单方面提出书面请求。

4.5.2 技术负责人应对客户要求变更的检测方法安排必要的评审，以发现可能存在的能力不足和潜在的不良风险，必要时，技术负责人应按照要求对变更或偏离的方法安排重新确认以确定变更或偏离是可行的。

4.5.3 当检测中确定需要偏离已经确定的检测方法或标准时，技术负责人应以书面方式向客户通报偏离的缘由，指出可能存在的问题并征得客户的书面同意。

4.5.4 任何对检测标准和方法的改变或偏离，技术负责人应制定成文件并通知执行该标准或方法的所有人员。

4.6 检测细则的制定

4.6.1 如缺少检测细则可能影响检测结果，给检测造成危害，检测组负责人应组织制定检测细则和规定相关职责。

4.6.2 制定后的检测细则应由技术负责人审批。

4.7 检测标准的收集和保存

4.7.1 技术组收集检测标准。收集的检测标准应由技术负责人批准后由资料管理员登记编号、存档，控制使用。

4.7.2 在用检测标准每个年度由资料管理员或检测组负责人查新确认一次，以保证检测的有效性。

4.7.3 如新标准较旧标准对检测资源配置和技术要求有较大的变化，技术负责人应对新标准开展宣贯，必要时应执行《开展新检测项目管理程序》，对实验室执行新标准的能力开展评审。

5 相关文件

5.1 《文件的控制和管理程序》

5.2 《开展新检测项目管理程序》

6 记录表格

6.1 方法适用性评价表

6.2 方法适用性评价任务单

6.3 方法偏离验证报告

方法适用性评价表

单位名称：

方法名称		方法编号	
方法实施日期		方法类型	☐国标　☐行标　☐委托方指定的方法 ☐地方标准　　☐非方法标准
方法应用情况	☐一直在用　　☐一直在用，属更新使用　　☐未使用过，属初次使用		
适用项目			
主要技术范围			

现有确认	人员资格要求：	符合性确认	符合性描述： ☐满足　☐不满足
	设备要求：		符合性描述： ☐满足　☐不满足
	设施环境要求：		符合性描述： ☐满足　☐不满足
	监测软件和技术记录要求：		符合性描述： ☐满足　☐不满足
验证情况	验证办法：		
	验证结果：		
适用性评价	适合预期用途：☐适合　　　　☐不适合		
项目承担部门意见： 签名： 　　　年　月　日		技术审批意见： 签名： 　　　年　月　日	

注：主要技术范围指方法的检测限、精密度、准确度、测量范围。

方法适用性评价任务单

单位名称：

监测项目	
监测方法	
承担部门	
验证方式要求	
质控环节和指标要求	
任务完成时间	

部门负责人签字		时　间	
任务下达人签字		时　间	

注：
确认数据应提交的资料：
□原始数据记录
□精密度测定记录
□准确度测定记录
□其他：_____

方法偏离验证报告

单位名称:

项目:

方法:

时间:	偏离申请人:

偏离原因:

偏离后的影响说明:

方法验证	

审批	技术负责人:	时　间:

注：主要验证技术范围指方法的检出限、精密度、准确度、测量范围。

开发特定的检验检测方法管理程序

1 目的

在特殊情况下，检测室需要制定适用于检测室内部检测的新检测方法时，对新检测方法制定的流程、方法被采纳的过程进行控制。

2 适用范围

适用于无国家或地方标准检测方法、采用的标准方法不能适应现有检测、客户要求采用非标准检测方法等需变更检测方法的情况。

3 职责

3.1 检测人员、技术负责人、质量负责人负责根据标准方法的适用性提出是否开发检测方法的建议。

3.2 技术负责人负责依据开发检测方法的建议制定开发流程与计划。

3.3 技术负责人会同检测室负责制定详细的检测方法开发流程，并对检测方法进行试验验证。

3.4 质量管理办公室负责依据检测方法验证结果会同检测室、技术负责人进行评定，并报最高管理者同意后发布。

3.5 最高管理者负责批准开发的检测方法。

4 程序

4.1 新方法的立项申请

技术负责人根据检测方法开发的建议制定检测方法开发计划。计划至少应包含下列内容：

（1）了解现有检测方法及可参考的文献资料；
（2）制定检测方法草案；
（3）通过试验应确定的相关检测方法参数；
（4）对检测方法不确定度评定方法；
（5）验证方法有效性、可行性方法。

完成技术资料的收集、调研后，填写新方法立项申请表，交最高管理者批准。

4.2 新方法筹建

会同检测室对现有各种方法和检测工作需求开展调查研究，对比、筛选后提出工作方案，初步编写标准草案。草案应包含以下主要内容：适用范围，参考文献及文件资料，检测原理，使用仪器，所需试剂及其纯度，样品的采集，运输和保存，分析步骤，结果计算，其他说明。

4.2.1 新方法负责人应组织资深的、有资格的人员组成技术小组，所有小组成员应熟悉新方法的制定背景、预期用途、方法要求等，并搜集技术资料，做好技术准备工作。技术小组制定出新方法的制定计划,并指定合适人员按一定要求进行编制验证,计划可随工作的进行适时修改,并确保小组成员之间能有效沟通。

4.2.2 项目负责人列出所要购置仪器设备清单,做好仪器设备购置前的信息收集和调研工作,并按《检测设备和设施管理程序》和《服务和供应品控制程序》做好仪器设备和标准物质的采购、验收、领用工作。

4.2.3 必要时项目负责人应组织人员根据标准、检测方法和其他有关技术资料编制作业指导书(项目操作规程或设备操作规程或两者兼有)。

4.2.4 各相关部门根据《安全与环境、内务管理控制程序》做好新方法检测环境的设置和安全防护事项、设施设备的准备工作。

4.3 新方法的确认

4.3.1 技术负责人会同检测室按照检测方法草案,进一步开展试验研究工作,通过对方法的各项技术参数和条件进行优化试验,确定具体的技术内容及检出限、测定下限、实验室内的精密度和准确度、测定范围等方法特性,在此基础上修订标准草案等。

4.3.2 最终确定的检测方法草案应至少由 5 名技术熟练的检测员(至少包含技术负责人)进行检测;应分别进行内标法、外标法、标准物质检验、重现性检验,且单项检验重复次数不少于 10 次。不同人员间、各项检验方法检测结果不存在显著性差异的可信度在 95% 及以上。检测方法草案应至少在 3 台不同实验室的同一类型检测仪器上进行试验,三个试验结果不存在显著性差异的可信度在 95% 及以上。

4.3.3 技术负责人会同检测室对各试验数据进行汇总、整理分析,对分析方法进行评估,在此基础上对检测方法草案进行完善。如方法的技术指标未达到预期要求,标准编制组应通过进一步试验,并组织方法验证。

4.3.4 技术负责人会同检测室对检测方法开发、试验、验证过程进行总结,形成方法验证报告,并组织由检测室所有人员、技术负责人、质量负责人、质量管理办公室、内审员、质量监督员组成的评定小组对报告进行评定,并形成检测方法有效性、可行性的最终决议。

4.3.5 由质量负责人、技术负责人共同将拟采用检测方法草案及评定决议报最高管理者审阅。

4.3.6 最高管理者经审阅后批准,并交由质量负责人,由综合办公室制作,形成有效、可控的检测方法文件并下发至相关人员,同时组织对新采用检测方法进行培训学习。

4.4 新方法的应用

4.4.1 使用新检测方法的程序,至少应该包含下列信息:适当的标识;范围;被检验检测样品类型的描述;被测定的参数或量和范围;仪器和设备,包括技术性能要求;所需的参考标准和标准物质;要求的环境条件和所需的稳定周期;程序的描述;接受(或拒绝)的准则、要求;需记录的数据以及分析和表达的方法;不确定度或评定不确定度的程序。其中,程序的描述包括:

(1)物品的附加识别标志、处置、运输、存储和准备。

(2)工作开始前所进行的检查。

(3)检查设备工作是否正常,需要时,在每次使用之前对设备进行校准和调整。

（4）观察和结果的记录方法。

（5）需遵循的安全措施。

4.4.2 新方法通过评审后，质量负责人应组织综合办进行认证扩项申请的准备工作。

4.4.3 综合办公室提供机构证明材料方面申报协助工作。

4.4.4 项目承担部门负责提供申报所用确认报告、典型性报告、不确定度评定报告的准备工作。

4.4.5 待项目通过认证后，方可对外正式开展具有法律效力的公证检测业务，各部门应根据项目的变化及时调整对外公示的检测能力表、价格，回收所有失效文件。

4.4.6 由综合办公室负责所有新方法的相关记录、原始资料的接收、存档工作。

5 相关文件

5.1 《安全与环境、内务管理控制程序》

5.2 《测量不确定度评定程序》

5.3 《质量监督与监控控制程序》

5.4 《能力验证管理程序》

6 相关记录表

6.1 新方法立项申请表

6.2 新方法确认表

6.3 新方法评审表

新方法立项申请表

单位名称：

检测项目	
非标方法来源	
方法适用范围	
申请理由	申请人签字：　　　　　　　　　　年　月　日
技术负责人审核意见	签字：　　　　　　　　　　　　　　年　月　日
批准意见	签字：　　　　　　　　　　　　　　年　月　日

新方法确认表

单位名称：

方法名称		方法来源	
预期用途或应用领域			
具体要求（主要技术指标）			
确认采用的方法			
确认内容及结果			
有效性声明			
确认人		确认日期	

审批意见：

审核人		审核日期	
批准使用的非标准方法文件受控编号			

新方法评审表

单位名称:

检验项目						
非标准方法及外来技术文件的名称及来源						
评审组人员构成	姓 名					
	专 业					
	职 称					
	职 务					
相关工作人员意见	标准及配备设备满足能力					
	人员技术状况					
	相关支持性文件满足能力					
	试验设施、环境条件满足能力					
技术验证方式说明						
验证的参数要求						
技术验证活动说明及附件资料						
评审组意见	评审组组长签字:					

本表应用说明:
1. 本表应用于外来的和实验室自己编制的非标准方法。
2. 非标方法在本实验室指:(1) 由设备厂家、专业期刊、专业组织提供的没有以正式的国际、区域、国家、行业、地方标准形式颁布的检测技术方法;(2) 由本实验室对现行有效的检测技术标准进行扩充或扩大应用范围所形成的方法的补充文件。
3. 非标方法在本实验室以检验细则的形式发布,但在应用过程中不应理解为所有的检验细则都是非标方法。
4. 在非标方法评审中行业内的非本机构专家应至少三人。
5. 在申报项目中涉及的非标方法只有在通过评审、获得计量认证考核通过后才能正式使用在特殊委托项目中。

测量不确定度评定控制程序

1 目的

1.1 提出如何以完整的信息评定与表示测量不确定度。
1.2 提供对测量结果进行比较的基础。
1.3 评定各检测组的检测工作能力。
1.4 提供提高检测组的检测水平的依据。

2 适用范围

本程序规定了实验室测量不确定度评定和测量能力评定的内容、职责和要求。适用于实验室的检测组测量能力评定。

3 职责

3.1 检测组负责提供完整信息，且对测量不确定度进行计算和评定，并对信息真实性、完整性负责。检测组在检测过程中必须按有关规范、规程"程序文件"及"作业指导书"中的规定检测。

3.2 技术负责人负责审核测量不确定度的计算与评定，并对测量不确定度的计算和评定结果有效性负责。

3.3 质量负责人负责对检测组日常检测工作的考核评定，并提出改进性意见。

3.4 综合办公室负责保存不确定度分析资料。

4 工作流程

4.1 测量不确定度。在实践中，测量不确定度可能来源于以下几个方面：
（1）采样代表性不够；
（2）样品均匀性；
（3）测量过程中环境条件不完善；
（4）测量仪器分辨率、精度不能满足要求；
（5）分析测试方法和检验检测过程的偏差；
（6）标准物质的不确定度；
（7）试剂纯度；
（8）数据处理和修约；
（9）操作人员素质因素。

4.2 检测组在检测过程中完整真实记录检测信息并按《测量不确定度评定与表示》（JJF 1059.1—2012）中标准不确定度 A 类评定方法计算评定。标准不确定度的 A 类评定流程图见下图。

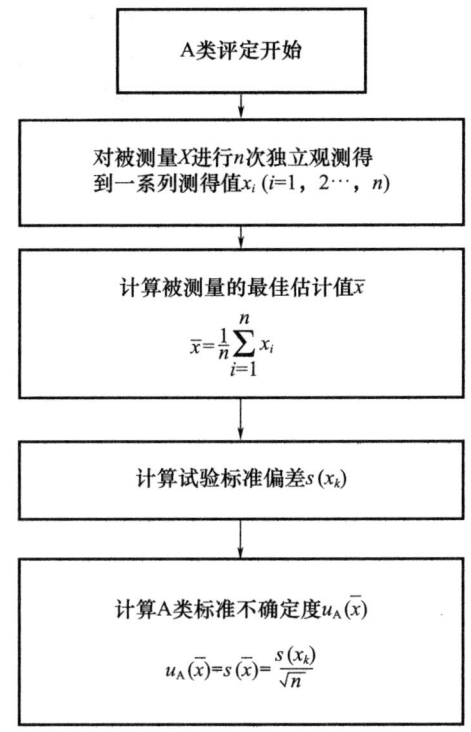

标准不确定度的 A 类评定流程图

4.3 技术负责人接到报告后,及时、细致地审核报告,并书面写测量不确定度评定报告。

4.4 质量负责人定期(一个月一次)或不定期(指技术规范、规程变动、客户抱怨及其他临时情况),按照相关支持性文件规定检查检测组的检测工作评定检测过程中的工作,并且书面写出检测能力评定报告,作为提高检测组检测水平的依据。

4.5 一般问题由技术负责人负责审核后负责解决,并监督检查。

4.6 发现重大问题或和质量体系有关的问题时,组织内部审核。结论报最高管理者批准后实施,技术负责人负责监督检查。

5 相关文件

5.1《技术规范、规程》

5.2《质量手册》

5.3《测量不确定度评定与表示》

5.4《作业指导书》

5.5《测量设备期间核查程序》

5.6《管理评审程序》

6 相关记录

不确定度分析报告

不确定度分析报告

单位名称：

样品名称		试验日期	
试验仪器编号		环境描述	
试验人员		记录人员	
测量标准		仪器设备情况	

不确定度的分析：
      分析人： 日　　期：

存在问题及解决措施：
      质量负责人： 日　　期：

技术负责人意见： 签字： 日期：	批准人意见： 签字： 日期：

数据保护控制程序

1 目的

保护计算机、网络系统、电子存储数据及检测用计算机软件的安全、准确及可靠，其过程符合质量手册和有关技术规范要求，保证计算机系统的正常运行。

2 适用范围

适用于检测用网络设备、线缆、服务器、工作站所构成的网络应用系统，检测用计算机软件、电子存储和传输的控制。

3 职责

3.1 技术人员负责计算机网络应用系统的管理和日常维护的组织。
3.2 相关室组负责具体实施。
3.3 技术负责人负责程序的实施。

4 程序

4.1 数据的采集、记录

4.1.1 检测人员在检测过程中要及时将检测数据记载在原始记录上，填写内容要真实、准确。原始记录要依据《记录的控制程序》的要求规范填写。

4.1.2 计算机和自动化设备采集和处理的检测数据要随时打印出来，并标记与检测样品相关联的编号，作为检测原始记录保存。

4.1.3 计算机和自动化设备内的数据要随时备份，以防止数据丢失。

4.2 数据的传输

4.2.1 数据每次转移都必须审核，对原始记录和检测报告须采用"二核一审"方式。检测人员完成检测工作后，对原始数据进行处理、计算所得出的检测结果进行自核；同检测岗位的检测人员对原始记录中的原始数据、计算过程、检测结果等进行核对，检测报告签发人员进行最后的全面审核并签发。

4.2.2 数据在传送过程中要为客户保密，不得向外部人员提供。

4.2.3 数据在传输过程中要防止被非法修改。

4.3 数据的报告

检测结果以检测报告或类似的形式由授权签字人对外签发。

4.4 数据的保存

原始数据及记录、报告和备份的数据由文件管理员统一登记、管理并保存。

4.5 检测用计算机及数据采集自动化设备的控制

4.5.1 计算机或自动化设备的使用环境条件必须符合其使用要求和检测工作要求（如温度等），必要时，应进行有效的监控。

4.5.2 任何室组和个人，未经技术人员同意不得擅自安装、拆卸或关闭计算机网络及软件控制程序；任何室组和个人不得利用计算机从事危害本质量检测室的活动，不得使用未授权的检测工作站。

4.5.3 自行开发的计算机软件应足够详细地文件化，并对其适用性进行适当验证。配置或修改的软件也应进行验证。

4.5.4 不得私自修改计算机和自动化设备内的程序文件和数据，确需修改时经技术负责人批准后实施，必要时要经过验证。

4.5.5 与互联网相联的计算机必须使用具有合法版权的软件，严禁使用来历不明的软件。对可能含有计算机病毒的软件，应使用技术组认可的软件检查、杀毒，确保检测软件和数据的完整和安全。

4.5.6 严禁在计算机上进行与本室组无关的操作，任何室组和个人不得在计算机上录阅、传送淫秽、色情软件。

4.5.7 未经技术人员同意，不得将有关的系统软件、应用软件及计算机所采集的数据和处理结果转录、传递到检测室以外。软件和数据要采用设置密码等保护和保密措施，无关人员不得接触，未经授权不得修改。系统软件、应用软件及信息数据实施保密措施，信息资源保密等级分为可向检测室公开的和仅限于个人使用的。

4.5.8 各室组在共享文件中存放的文件，必须是与此报告相关的技术人员使用。若含有与其他室组相关的信息，应经其同意，方可使用。

4.5.9 用计算机控制的仪器设备，必须提供有效的软件及其说明，经验证符合有关技术规范要求由技术负责人批准方可使用。检测人员在工作前应检查计算机或自动设备状况是否正常，软件运行是否正常，如有异常应停止工作，采取必要措施后，经验证无误方可使用。计算机和自动化设备进行数据采集、处理过程中，必须保证整个采集、处理过程的连续性和完整性。在过程完成后，应进行检查、核对。若在过程中发生异常情况，应重新进行采集和处理。

4.5.10 所有检测的软件、应用程序、相关文件及数据应备份，并标识存档。对录入计算机或自动化设备采集的数据，以及通过计算机处理后的数据及结果必须妥善地加以保存，及时地进行备份。检测结果应打印或刻录光盘以便于长期保存。

4.5.11 计算机打印的废弃资料，属保密范围的，应及时采取销毁措施。计算机更新或处理时，应将存储的机要数据全部删除，防止外泄。

4.5.12 检测人员必须熟悉操作程序，要严格按规定进行操作。

4.5.13 检测人员应做好计算机设备的维护，保证其功能正常。

4.5.14 任何室组和个人，违反本程序的规定，由技术组向检测室分管领导报告，给予教育或处理。

4.5.15 综合办公室负责提供计算机或自动化设备正常开展检测工作所必需的环境和工作条件。

5 相关文件

5.1 《文件的控制和管理程序》

5.2 《记录的控制程序》

5.3 《测量设备及设施管理程序》

6 记录表格

6.1 计算机软件、文件、数据修改申请表

6.2 测量及数据处理软件评审表

计算机软件、文件、数据修改申请表

名称		编号	
需修改的内容：			
修改理由：			
修改后内容：			
评价或验证结论：			
申请人		日期	
评价人		日期	
批准人		日期	

测量及数据处理软件评审表

单位名称：

软件名称			应用范围	□管理软件 □检验软件	
软件来源	□设备自带软件 □约定机构编制的软件		□国际公认的管理软件 □自行编制的软件		
软件检查内容	可行	不可行	检查原因说明		
运行的稳定性					
使用的便捷性					
可修改、可保存能力					
权限设置和保密能力					
自动更新、升级能力					
数据运算、修约能力					
与管理系统、设备的匹配能力					
软件的评审意见		□可以采用	□不可以采用	□再修改	
修改要求					
修改完成时间					
评审人					

开展新检测项目管理程序

1 目的

为满足客户的要求,有计划、有步骤地拓展检测服务能力,编制本程序。

2 范围

按照客户要求和检测计划开展检测新项目的准备。

3 职责

3.1 最高管理者
3.1.1 召开新项目准备的管理评审。
3.1.2 批准正式开展新项目的检测。

3.2 质量负责人
对新项目准备中形成的文件进行编号控制。

3.3 资料管理员
3.3.1 实施文件管理。
3.3.2 归档保存评审的记录。

3.4 技术负责人
3.4.1 根据机构的需求制定发展检测新项目的实施计划。
3.4.2 组织检测室负责人和质量负责人开展新项目实施前的评审活动。
3.4.3 技术负责人应当维护本程序的有效性。

4 程序

4.1 计划的编制
4.1.1 技术负责人应根据机构的需求编制开展检测新项目的实施计划。
4.1.2 实施计划由最高管理者批准后,技术负责人组织实施。

4.2 实施计划的分工
4.2.1 技术负责人
(1) 组织制定和审核相关文件;
(2) 落实资源准备;
(3) 开展人员培训和考核;
(4) 批准技术文件;
(5) 技术准备工作的组织和协调;
(6) 准备提交评审的所有文件;
(7) 授权主持评审。

4.2.2 检测室负责人
(1) 收集承检标准或制定检测方法;

(2) 确定应配置的仪器设备和消耗品;
(3) 提出人员的培训计划;
(4) 确定设施和环境条件的要求;
(5) 组织起草必要的作业文件和记录格式;
(6) 设计检测报告;
(7) 选定分包实验室。

4.2.3 仪器设备管理员
(1) 准备仪器设备和消耗材料;
(2) 建立仪器设备的补充档案;
(3) 实施相关仪器设备的检定/校准。

4.2.4 质量负责人
(1) 调整、补充、完善管理体系文件;
(2) 更新替换新旧文件;
(3) 组织对与新工作相关的管理体系进行审核。

4.2.5 检测员
(1) 参加培训;
(2) 开展检测的人员比对;
(3) 熟悉检测方法,掌握新配备仪器设备的操作;
(4) 正确、清晰地出具检测结果。

4.2.6 监督员应了解、熟悉、掌握新项目检测的全部过程。

4.3 开展熟练检测

4.3.1 技术负责人与有关检测室的负责人应选定检测样品或对象,对承检人员开展新项目的检测活动实施全过程跟踪检查,即对检测准备、执行标准或方法的理解、样品制备、仪器设备的操作、环境控制、检测记录的内容、计算评价检测结果、出具检测报告等检测过程和环节进行考核。

4.3.2 技术负责人应组织不同人员的检测熟练性比对检测,以及实验室之间的比对测试。

4.3.3 技术负责人应指导和要求检测人员熟练、准确地掌握新项目的检测过程,针对不同样品出具若干份检测报告。

4.4 新工作准备的评审

4.4.1 技术负责人应将新项目检测准备的结果和存在的问题向最高管理者汇报。

4.4.2 最高管理者(或授权负责人)应按照《管理评审程序》的要求组织对新项目检测准备结果进行评审。

4.4.3 评审应至少包含以下内容:
(1) 检测目的和法律、法规的要求;
(2) 检测标准/方法和作业文件;
(3) 检测仪器设备的配备和溯源结果;
(4) 检测消耗品的来源及其质量;
(5) 检测环境和设施;

(6) 人员职责与培训;
(7) 熟练检测和比对的结果;
(8) 相关活动的内审结果。

4.5　批准和认可

最高管理者在确认检测准备达到预期的要求后,应亲自批准检测的准备结果并授权报告签字人正式对社会发布开展该新项目的检测。

5　相关文件

《管理评审程序》

6　记录表格

6.1　新开展检验项目申请表
6.2　新开展检验项目评审表

新开展检验项目申请表

项目名称		技术依据	
项目负责人		项目参加人员	
项目筹建检测部门名称		项目筹建起止时间	
新开展项目所需主要仪器设备名称 （需购置的仪器设备应注明）			
新开展项目所需实验室面积、环境条件及其他要求			
开展项目检测部门意见	签名：　　　　　年　月　日		
技术审核意见	签名：　　　　　年　月　日		
批准意见	签名：　　　　　年　月　日		
备注			

新开展检验项目评审表

项目名称	
项目组成员	
依据规范	
参加评审人员	
评审内容	全部输入的文件资料的有效性、适宜性： 人员培训效果： 仪器设备的配置及校准状态： 设施环境条件符合情况： 项目检测人员的模拟检测情况： 通过实验室间比对结果验证情况： 检测结果的测量不确定度： 其他：
评审组意见	 技术负责人：　　　　　　　　　　　　　　日期：
审　批	 经理：　　　　　　　　　　　　　　　　　　日期：

质量控制程序

1 目的

对检测结果进行验证和对检测水平进行监控,确保检测结果准确、可靠。

2 适用范围

适用于采用统计等技术对检测结果进行监控,保证检测结果质量的各项活动。

3 职责

3.1 技术组协助质量负责人负责监控的组织,年度比对验证计划的编制、组织和总结工作。

3.2 技术负责人负责对监控方法的有效性进行评审,批准实验室间比对和能力验证计划。

3.3 质量监督员负责实施监控。

3.4 检测组组织各有关检测人员负责比对验证工作的落实,并提出纠正措施,经质量负责人批准,检测组具体落实纠正措施。

4 程序

4.1 对检测有效性的质量监控

4.1.1 质量监控是一项有计划的质量活动。质量负责人在每年年初应根据上年度检测结果的质量状况制定质量控制计划,并报最高管理者批准。年度计划一般包括以下内容:

(1)目的;
(2)质量监控环节和具体要求;
(3)选择的方法;
(4)实施的时间和责任人;
(5)质量监控的评价方法等。

4.1.2 在确定质量监控环节和具体要求时,应着重选择:新开展的、有新员工上岗的、技术变化较大的、仪器设备变更或性能不稳定的、存在客户对检测结果申诉和投诉的、发生过重大质量事故以及能够选择确定的方法进行质量监控的项目或参数。

4.1.3 在确定质量监控所采用的方法时,应选择最适合于质量监控的目的、所得数据的记录方式便于发现数据发展趋势的、适合于所开展质量监控对象的技术原理和特性的现实可行的方法。如可行,应采用统计技术对结果进行审查。

4.1.4 检测部负责实施上述计划,在实施过程中做好详细记录,并及时提交检测结果。

4.1.5 整个质量监控活动中,由质量负责人召集有关人员对每一阶段的监控结果进行分析,由质量负责人编写质量控制活动评价表,并在内部沟通活动中加以汇报和总结。

4.2 能力验证和实验室间比对实施要求

对没有标准物质的检测参数，可通过参加能力验证和实验室间的比对来验证检测结果的准确可靠性。除本节所述方式外，还可参照《能力验证比对控制程序》的方式进行。

4.2.1 比对要求：

（1）比对单位应从具有相当检测水平并已通过省级及以上资质认定的实验室中选择。

（2）每次比对原则上至少应有三个实验室参加。检测结果符合标准规定要求。

（3）比对可按年初比对计划定期进行，也可根据检测需要临时安排。

（4）根据比对目的不同可分别用标准物质或已知的剩余样品进行比对。

4.2.2 比对试验类型包括：

（1）检测人员之间的检测能力比对；

（2）检测仪器设备之间的比对；

（3）重复性比对；

（4）上级有关部门组织的比对及能力验证计划和其承认的外部计划。

4.2.3 采用的比对试验方法包括：

（1）用标准样品或有证标准物质进行质量检测室内部的比对试验。

（2）参加上级有关部门组织的外部同专业实验室之间的比对试验。

（3）使用同一检测方法进行重复性试验，或采用不同检测方法（或仪器）进行方法（或仪器）间比对试验。

（4）不同检测人员对保留样品的复检。

（5）对测试样品不同检测项目的结果进行相关性分析。

（6）其他类型的比对试验及验证方法。

4.3 实施步骤

4.3.1 由质量负责人根据质量控制计划和实际需要拟定比对方案（包括时间、比对项目、试样种类、检测方法、比对单位、评价指标、结果评价等），下达比对任务。

4.3.2 比对试验和能力验证计划实施前，由检测室按计划组织样品，按检测工作程序向检测组下达比对试验任务，质量监督员应对试验过程进行监督，形成的原始记录及检测报告交授权签字人审批。

4.3.3 检测室根据比对试验结果编写比对试验和能力验证评审分析报告，并对实施的比对试验的有效性加以评定。

4.3.4 对比对试验和能力验证试验的评审，当发现可能影响检测有效性和结果准确性的不符合因素时，检测组应分析原因，提出纠正措施，由质量负责人批准后实施。

4.3.5 比对试验和能力验证的相关资料由检测室整理，综合办公室归档。

4.4 使用标准物质进行质量控制的要求。

4.4.1 不同方法的使用和样品复测：

（1）某一样品的检测完成后，再用相同或不同的方法对该样品的相同参数进行复测，将两次或两种方法的检测结果进行对比，以验证提供给委托方的检测结果的可靠性。

（2）若两次检测结果不一致，应采用有效的方式（可以是本程序中的方法）查找原因，并对与错误结果同批检测的样品进行复测。

4.4.2　样品不同特性的相关性检测：

（1）同一样品的某些参数之间往往有一定的内在联系，对这些参数的检测结果进行比较，亦可作为判断检测结果可靠性的方式之一。

（2）若相关参数检测结果相互矛盾，应查找原因，对有疑问的项目进行复测，使相关参数间的关系趋于合理。

4.5　结果评价及后续处理

4.5.1　若经确认检测结果错误，且结果已发至委托方，应尽快与委托方取得联系，按《检测结果质量控制程序》发出更正报告，以避免或挽回由此引起的损失。

4.5.2　综合办公室对上述检测结果进行汇总、对方法的有效性进行评价，为下一年度质量控制计划的制定提供参考依据。

4.5.3　质量负责人将质量控制情况汇入本年度管理评审汇总报告。

4.5.4　可将此作为今后技术培训、确定和改进检测方法、制定能力验证计划的重要依据。

4.5.5　有关检测原始记录、试验报告、汇总报告、结果评价资料由综合办公室负责归档。

5　相关文件

5.1　《文件的控制和管理程序》

5.2　《开展新检测项目程序》

5.3　《不符合项处置程序》

5.4　《纠正措施程序》

5.5　《记录的控制程序》

5.6　《管理评审程序》

6　记录表格

6.1　年度质量控制计划

6.2　质量控制活动评价表

年度质量控制计划

单位名称:

序号	时间	质量控制方法	项目	时间或频次	负责人	相关说明

填表:　　　　　　　　　　审核:　　　　　　　　　　日期:　　年　月　日

注:内部质量控制计划质控方法包括重复性检测、再现性测试、留样再测、标准物质周期核查、人员比对、设备比对、测定不确定度分析、空白分析等。

质量控制活动评价表

单位名称：

质控形式		时间	
检测项目		参加人员	
检测依据			

结果汇总：

评价依据：

结果评价：

签字：　　　　日期：

比对、能力验证控制程序

1 目的

1.1 确定实验室进行某种特定检测的能力。
1.2 确定实验室监控某种特定检测的持续能力。
1.3 识别某种检测的实验室间的差异。
1.4 判断试验中出现的问题,并制定相应的校正措施。
1.5 确定新的检测方法的可能性、有效性和可比性。
1.6 其他,如为标准物质或参考物质赋值。

2 适用范围

适用于为达到以上各目的而进行的实验室比对和能力验证方面的管理。

3 职责

3.1 技术负责人负责与本程序 1.1 条、1.4 条、1.6 条相关的能力验证工作计划的编制与下达、组织实施及其结果的分析评价工作。当比对结果出现偏离时,负责纠偏计划的制定、下达及其结果的评价工作。

3.2 质量负责人负责与本程序 1.2 条、1.3 条相关的能力验证工作计划的编制与下达、组织实施及其结果的评价工作。当比对结果出现偏离时,负责纠偏计划的制定、下达及其结果的评价工作。

3.3 检测组组长负责所承担相关比对试验的实施,监督并参与比对结果的评价工作。

3.4 各室组有关人员负责完成相关的比对试验工作。当试验结果出现偏离时,负责分析偏离原因,制定纠偏措施,经室组负责人批准并按计划完成纠偏试验工作。

3.5 综合办公室负责全部比对试验的管理和资料的归类存档工作。

4 程序

4.1 比对验证的原则

4.1.1 比对活动在不同实验室进行时,应优先选定较权威实验室,同时需在双方协商认可的条件下进行。

4.1.2 验证活动应可能采用同一(或同批)试样和相同的试验方法。

4.1.3 需纳入比对和能力验证的项目包括:
(1) 重点检测项目;
(2) 技术难度高的检测项目;
(3) 长期未开展的检测项目或即将开设的新检测项目;
(4) 仪器设备尚无法计量检定而需要进行比对检验的项目;
(5) 有关部门组织参加的能力验证活动。

4.2 比对实验室的选择

4.2.1 实验室是独立的法人单位或法人单位授权的相对独立的组织机构,能确保其检测业务的独立性和公正性。

4.2.2 实验室有足够的人员,人员的技能符合检测实验室的要求。

4.2.3 实验室的设施和环境应满足检测工作的要求。

4.2.4 有开展比对检验所要求的仪器设备、所需的标准物质,以及仪器设备和标准计量状态符合要求。

4.2.5 该实验室经常开展相应比对检验项目的检验业务。

4.2.6 优先选择已通过实验室认可的实验室。

4.2.7 在符合比对检验实验室的条件的前提下,尽量考虑增加比对检验的实验室数量。

4.3 验证比对分类

4.3.1 上级部门或外部机构组织的实验室间比对试验。

4.3.2 质量检测室自行组织的实验室间比对试验。

4.3.3 质量检测室人员内部比对试验。

4.4 比对试验的计划、实施与评价

4.4.1 上级部门或外部机构组织的实验室间比对试验。

(1) 积极参加国家质量技术监督局、国家实验室认可委员会、交通厅质量管理办公室,省内外有关专业组织机构组织的实验室间比对试验。

(2) 对以上各部门发来的比对试验通知,质量负责人根据通知要求,制定详细的实施计划,并下达至有关检测室。

(3) 室组按实施计划安排并监督有关人员进行比对试验,试验完毕形成比对试验报告(附原始记录),提交业务室。

(4) 业务室负责将比对试验结果汇总,形成最终比对试验报告,经技术负责人和质量负责人审核、实验室比对和能力验证管理程序批准后,上报比对试验的组织部门。

4.4.2 质量检测室自行组织的实验室间比对试验和质量检测室人员内部比对试验。

(1) 为达到本程序 1.1~1.5 条,必要时组织与其他实验室进行比对试验。

(2) 作为质量控制的一种手段,质量负责人制定年度比对试验计划,通知有关检测室实施。

(3) 试验中出现不可预测的质量问题时,质量负责人决定进行比对试验,并制定计划,通知有关检测室实施。

(4) 为实施本程序 1.1 条、1.4 条、1.5 条的比对试验,由技术负责人制定年度计划。对试验中出现的技术问题,制定临时解决方案和计划,通知有关检测室组织实施。

(5) 室组按任务通知有关检测人员进行比对试验,试验完毕形成比对试验报告(附原始记录),将与上述(2)款和(3)款相关的报告报质量负责人,将与(4)款相关的报告交技术负责人。

(6) 对相关比对试验报告,技术负责人和质量负责人及时做出评价。

(7) 比对试验结果作为年度考核依据之一。

4.5 与能力验证/比对相关的活动要求

4.5.1 可结合新人员上岗考核进行；

4.5.2 必须同时开展质量监督工作；

4.5.3 与新项目开展检测能力验证活动相结合。

4.6 比对试验出现偏离时的纠正措施

4.6.1 当技术负责人发现比对试验结果出现偏离时，应制定纠偏计划，并下达至有关检测室。

4.6.2 室组收到纠偏计划后，应分析偏离原因，制定纠偏措施，进行复测。必要时重新进行比对试验工作。纠偏试验完成后，写出试验报告，提交技术负责人和质量负责人。

4.6.3 技术负责人和质量负责人分别对其进行评价。

4.7 能力验证或比对结果的应用

4.7.1 当显示参加的能力验证或比对结果合格时，本结果可以作为机构各项认证、认可申报中的能力证明材料。

4.7.2 当显示参加的能力验证或比对结果不合格时，机构应暂停能力验证或比对项目的对外检测活动，停止在对应的项目中使用认可标识，并按照《能力验证规则》要求开展整改。

4.7.3 有关能力比对验证结果评价报告及其原始记录资料等交综合办公室归档保存。比对试验的存档资料包括：各类比对试验的计划、比对结果，附有各类原始记录。

5 相关文件

《质量控制程序》

6 相关记录

6.1 年度比对、能力验证计划

6.2 比对试验检测结果分析报告

6.3 比对试验结果分析表

年度比对、能力验证计划

单位名称:

序号	实施时间	项目	依据标准	参加人员	要求完成日期	备注

备注:

编制:　　　　　　　审核:　　　　　　　日期:　　年　月　日

比对试验检测结果分析报告

单位名称： 报告编号：

比对项目			
比对参数			
使用仪器名称			
精度等级			
试验单位			
比对偏差			
比对参数分析			
比对结论 （存在问题及解决措施）			

结果分析人： 审核： 日期：

比对试验结果分析表

单位名称:

比对参数	
比对单位 A	
比对单位 B	
比对单位 C	
比对单位 D	
检测数据	

比对序号	比对参数	检测结果评价
A		
B		
C		

结果数量 N	
最小值	
最大值	
极差	
稳健平均值 X	
稳健标准差 S	
结果分析	
结果判定标准	

数据分析: 　　　　　　　　　　　　　确认:

检测工作程序

1 目的

为了规范检测行为,保证检测质量,确保检测结果科学、公正、准确,必须对检测工作各个环节的工作质量进行有效控制,特制定本程序。

2 范围

适用于检测室各类检测过程的控制。

3 职责

3.1 业务组负责各类检测的受理、取样、样品管理及样品检测报告的送达。

3.2 检测组负责检测的实施及检测过程中样品的管理,对检测结果汇总,根据评定出具检测报告。

3.3 技术负责人负责解决检测过程中出现的技术问题及报告的审核。

3.4 技术组协助质量负责人负责对检测室检测工作的质量进行监督,处理申诉和投诉,调查和处理检测工作质量事故。

4 程序

4.1 检测计划及实施细则

检测组按照标准和客户的要求编制实施细则,由技术负责人批准。

4.2 取样

凡属检测室承担的取样任务,均按照《取样工作程序》和《样品的流转和处置管理程序》进行。

4.3 检测业务受理

4.3.1 日常监督检测程序

(1) 监督检测的质量判定依据:

1) 产品所执行的标准,可以是国际标准、国家标准、行业标准、地方标准;

2) 未制定标准的按国家有关规定和要求。

(2) 监督检测分类:

1) 例行监督检测;

2) 定期监督检测;

3) 统一监督检测。

(3) 检测组接到监督检测任务后,要根据任务的要求制定检测计划。计划应包括下列内容:

1) 监督检测的类型、任务来源、完成期限;

2) 检测依据、取样方式;

3) 参加监督检测的人员,包括取样人员和检测人员。

（4）取样工作严格按照《取样工作程序》执行。

（5）检测人员根据任务书和检测所依据的标准，确定本次检测项目，制定检测细则，经技术负责人批准后执行。

（6）检测人员在检测工作结束后，将检测结果汇总表和质量分析报告，并连同检测记录等交业务组制作检测报告，经业务组长审核无误后报技术负责人签发，并按规定要求上报相关部门。

（7）在规定期限内被检测方对检测结果未提出异议，可通知其取回样品。如提出异议则由技术负责人组织对检测结果进行分析处理，必要时对留样重新检测。

4.3.2 各级政府下达的指令性检测任务（计划检测任务）。

（1）检测计划实施细则的编写，应按照本程序 4.1 节进行。

（2）应保证质量并在指令完成期限内完成检测任务。

4.3.3 委托检测程序

（1）客户的委托检测由业务组受理，受理后应签订检测协议，协议内容应按委托书填写。

（2）委托检测的检测依据、检测方法、取样方式、判定依据等均应按协议规定执行。需要使用非标准方法时，这些方法应征得委托方同意，并形成有效文件。

4.4 检测工作实施

4.4.1 检测前的准备工作

（1）检查检测依据的标准是否现行有效，应按照《检测方法的选择和确认程序》进行。

（2）分包检测项目应按照《检验检测分包程序》进行。

（3）现场检测项目应按照《现场检测工作程序》进行。

（4）需外借仪器设备的应按照《测量设备及设施管理程序》进行。

（5）测量仪器按标准要求选定。

4.4.2 检测

（1）检测工作依据产品技术标准、检测方法标准及检测细则等进行检测。

（2）检测过程中要按照操作规程正确使用仪器设备，按要求做好原始记录，填写设备使用记录、保管好检测样品，及时在原始记录上填写样品所处状态。对有危害检测人员健康及安全的检测工作，必须有两个人在场。

（3）检测过程中发生的不符合情况按照《不符合项处置程序》处理。

（4）检测过程中发生检测质量事故时，按照《纠正措施程序》办理。

（5）一项检测工作完成后要对所用仪器设备进行再次检查，检查结果记录到仪器设备使用记录上，如发现问题及时记录，并对所得检测数据能否使用进行评估。

（6）检测工作完成后，剩余样品按《样品的流转和处置管理程序》进行。

4.4.3 复检

出现下列情况，应对试样或备用样品进行复检，复检的原始记录应与原来的原始记录一同保存、复检后应做出原有检测数据是否采纳的结论。

（1）检测数据在规定极限值附近时，主检人应主动进行重新试验；

（2）监督人员发现结果不合理时，有权要求重新试验；

（3）审核人员对依据标准、检测方法、检测条件和检测数据有异议时，有权要求重复试验；

（4）客户要求的，经质量负责人同意后，按要求进行重复试验。

4.5 检测报告

4.5.1 检测报告的编制、核对、审核、批准、存档、复印等按照《质量控制程序》和《结果报告管理程序》执行。

4.5.2 检测报告的发送。

委托检测、日常监督检测等报告一般由客户自行领取，计划检测等由业务组负责定期送达。报告的领取或送达均需对方在检测报告登记表上签字，采用其他方式送达的检测报告应逐个进行登记，并保留有关凭证，被退回的检测报告应在登记表中注明退回时间，并采取其他方式与客户取得联系。

4.5.3 检测报告的异议处理按照《申诉和投诉处理程序》进行。

4.5.4 检测报告的更改和补充按照《结果报告管理程序》进行。

4.6 检测报告的管理登记

4.6.1 检测室发出的每份检测报告均应存档，应与原始记录、取样单或检测委托书等一并装订成册，按报告序号由综合办公室归档保存。

4.6.2 对计划检测的检测报告应按发出时间顺序由业务组填入计划检测任务完成情况统计表中。

4.6.3 对国家、省、市相关部门下达的检测任务，除应按文件要求做好检测工作外，还应填写好各类表格，写出汇报材料，经质量负责人审核后，一并上报。

4.7 质量监督控制

4.7.1 各检测室设一名质量监督员，负责本室检测工作的质量监督，发现有违背质量手册的行为或未按已规定的程序进行的检测工作时，应立即给予指出、纠正并记录，同时调查是否造成不良影响。

4.7.2 质量负责人应定期或不定期进行质量检查，解决或纠正检测工作中遇到的问题。

4.7.3 技术负责人应有计划地组织质量检测室内部的比对试验，确保检测数据准确可靠。

5 相关文件

5.1 《检验检测分包程序》

5.2 《申诉和投诉处理程序》

5.3 《不符合项处置程序》

5.4 《纠正措施程序》

5.5 《记录的控制程序》

5.6 《现场检测工作程序》

5.7 《取样工作程序》

5.8 《样品的流转和处置管理程序》

5.9 《结果报告管理程序》

现场检测的管理程序

1 目的

为规范检测人员现场检测工作，确保现场工作人身、设备安全，保证现场检测数据和结果的有效性，特编制本程序。

2 范围

适用于现场检测工作的控制，其中包括：现场检测环境的控制要求；现场环境的监控；影响现场检测时的隔离措施。

3 职责

3.1 检测组

3.1.1 负责现场工作流程组织管理。

3.1.2 确认现场检测设备、环境条件满足要求并对检测数据和结果的有效性进行监控。

3.1.3 负责现场检测过程的安全监护。

3.1.4 负责组织现场检测记录、报告的归档。

3.2 检测员

记录检测设备、检测环境监控及检测过程的相关数据。

3.3 仪器设备管理员

负责记录仪器设备离开检测室和返回检测室的检查状况。

3.4 技术负责人

应当维护本程序的有效性。

4 程序

4.1 工作准备

4.1.1 确定检测方法

检测组要对现场检测工作任务、检测方法进行确认，准备需要的技术标准、规程、作业指导书等。对采用非标准方法的现场检测工作必须经技术负责人批准，执行《检测方法的选择和确认程序》。

4.1.2 确定检测设备

检测人员按照工作要求准备检测设备，确保所用设备符合技术标准、规程要求，其溯源性符合《测量设备量值溯源程序》的有关要求，办理设备借出手续，确认其工作状态正常。

4.1.3 确保安全运输

检测组应认真组织设备运输，注意设备防震、防雨，确保设备安全。

4.1.4 确认环境条件

对有环境条件要求的现场检测活动，检测负责人应责成有关人员配带相应的监测设备，并对检测环境条件是否达到要求进行评价或验证。

4.1.5 确保人身和设备安全

（1）检测人员进入工程现场进行检测时必须穿防刺鞋、工作服，佩戴安全防护装备，如安全防护帽、防护眼镜、防尘口罩等。

（2）进入现场的仪器设备必须配有防漏电插座和电源电压检测仪表，以及仪器设备防水、防尘护罩与防震措施等。

（3）检测区域必须用黄色隔离带或警示标志实施隔离，防止无关人员进入检测区域影响检测结果的准确性，或对误入者构成人身伤害。

4.1.6 检前设备核查

检测员在进行现场检测工作前应对所用设备进行核查，确保设备性能正常，如发现设备异常应立即汇报并采取措施，确保现场工作按时完成。

4.2 现场工作

4.2.1 在制定检测实施方案时，检测组应根据所用仪器设备的使用条件和对被测对象的测量要求，制定现场检测的极限环境条件和条件保障。检测组负责人在确认检测条件已满足要求后，即可实施现场检测。

4.2.2 检测员按照技术标准、作业指导书要求开展检测工作，认真记录检测过程及检测数据。

4.2.3 检测中，检测员应注意观察设备的工作情况，如发现异常，应立即停止检测，查明原因，排除故障，确保设备正常后，方可继续试验，直至完成全部检测项目。

4.2.4 检测中，检测员应注意观测和记录环境条件的变化情况。当环境监测显示环境条件达不到检测要求时，检测员应停止检测，并报告检测组负责人，查明原因，采取措施，直至环境条件满足要求后继续工作。对不能间断的检测活动的检测数据应宣布无效。

4.2.5 对难以控制的环境条件，检测活动应考虑在时间和地域上实施隔离，以保证检测结果的有效性。如经过努力，环境条件仍达不到要求，检测负责人应与客户协商是否继续检测或考虑由此引起的不确定度的变化。

4.2.6 检测中，检测人员除记录检测数据和环境检测结果外，还应记录被检测对象的详细情况和仪器设备的使用情况。仪器设备的使用情况可参照《检测设备和设施管理程序》中的有关要求。

4.3 工作结束

4.3.1 检测工作完成后，检测员应再次确认检测设备状态和环境条件状况，如正常，表明本次检测数据有效；如发现问题，应及时查找原因，确定是否重新安排检测。

4.3.2 整理现场检测资料，清理检测场地等。

4.3.3 设备安全返回后在办理设备归还手续前应再次检查其工作状态。

4.3.4 工作完成后检测负责人应及时编写技术报告，归档管理记录。

5 相关文件

5.1 《测量设备量值溯源程序》

5.2 《测量设备和设施管理程序》

6 相关记录

仪器设备出入库登记表

仪器设备出入库登记表

仪器名称	出库时间	归还时间	测试项目	领用人	备注

样品管理程序

1 目的

对在检测过程中样品的代表性、有效性和完整性进行控制,确保检测结果的准确性,保护质量检测室和客户的利益。

2 范围

适用于样品的运输、接收、处置、保护、储存、保管和弃置等环节。

3 职责

3.1 业务组负责样品抽取、收发、标识、储存、保管、移交和弃置的管理。

3.2 检测组负责检测过程中样品的管理。

4 程序

4.1 样品的接收

业务组在接收送来的样品时,应根据客户要求,查看样品状况和性质是否适宜进行所要求的检测,并认真填写检测委托单。如果对样品是否适合检测有任何疑问、样品与提供的说明不符或者对要求的检测规定得不完全,应在检测前询问委托方,要求进一步予以说明。

4.2 样品的标识

样品管理员根据检测委托单对送来的样品以及质量检测室取样人员抽取的样品要进行统一编号,填写样品登记台账,标明样品状态,并按区域存放。该编号是样品在制备、检测、保存过程中的唯一性标识。

4.3 样品的流转

4.3.1 检测样品的流转由业务组组长根据检测计划填写检测任务流转单给检测人员作为随机运行记录,检测人员在接收样品时要检查样品的状态。

4.3.2 检测人员在检测、传递样品过程中应仔细核对样品的唯一性标识与检测任务流转单是否一致,避免受到非正常损坏,因此应在检测室对需要妥善保存的检测样品或其一部分特殊储存采取安全措施,以保护这些需要妥善保存的样品或其部分状态的完整性。样品如遇意外损坏或丢失,应在原始记录中说明,并向检测组组长报告,必要时与客户联系或重新取样。

4.4 样品的保存和处置

4.4.1 样品管理员在样品贮存期间,应妥善保存,避免样品变质、损坏和丢失。

4.4.2 如果样品必须在特定的环境下储存或处置,则须维持、监控并记录这些条件。

4.4.3 对有毒的危险样品应隔离存放,做出明显标记。

4.4.4 检测应按有关标准的规定留置已检试件。有关标准留置时间无明确要求的,留置时间不应少于 72 小时。

4.4.5 过保存期限的样品由样品管理员负责统一处理，样品处理须经检测室负责人签字批准，样品管理员具体实施。

4.4.6 因特殊原因需逾期保存或提前处理的样品，由样品管理人员提请技术负责人签署意见后实施处理。逾期保存样品与正常样品分开存放。逾期保存或提前处理情况，也应做好记录。

5 相关文件

5.1 《取样工作程序》

5.2 《样品的流转和处置管理程序》

5.3 《检测工作程序》

6 相关记录

6.1 检测任务流转单

6.2 样品登记台账

6.3 留样样品管理记录

检测任务流转单

委托编号			任务编号		
样品名称	样品编号	规格型号	样品数量	样品状态	备注
检验项目					
应用标准及判定依据					
项目承担部门					
检测样品发放					
发放人（样品管理员）			发放日期		
领样人（检测人员）			拟完成日期		
检测样品回收					
交样人			回收日期		
接收人			处置人		
已测样品处置	□留样　　□复测　　□退回　　□废弃				

样品登记台账

单位名称：

序号	样品编号	样品名称	送样人	收样人	样品描述	备注

留样样品管理记录

单位名称：

样品编号	样品名称	出厂批号	送样/抽样单位	样品特征	留样日期	留存期限	保管人	销毁时间	销毁人

抽样控制程序

1 目的

规范抽样环节,控制抽样过程,保证抽样过程具有公正性、客观性、科学性,确保检测结果的有效性,以便对整体被测物进行质量评价。

2 适用范围

本程序适用于法定管理机构和客户委托进行抽样。

3 定义

3.1 抽样是抽取物质、材料或产品的一部分,作为其整体的代表性样品来进行检测的一种规定程序。

3.2 检查批为实施抽样检查汇集起来的单位产品。

4 职责

4.1 检测组长负责抽样方案的制定。

4.2 检测组长负责抽样工作的组织。

4.3 各检测部门负责人负责抽样方案的批准。

5 工作程序

5.1 抽样方案的制定

5.1.1 根据受检产品的标准规定的方法或国家、行业管理规定,由检测组长进行抽样方案的编制,报检测部门负责人批准。

5.1.2 按照与客户签订的有效合同,结合相应的评定验收标准进行抽样方案的编制,报检测部门负责人批准。

5.1.3 按照客户指定的抽样方案进行抽样,如客户的要求与规定抽样方案要求有偏离,应在委托单或检测合同上详细记录这些要求和抽样资料,并记入原始记录和检测报告中。

5.2 抽样的实施

5.2.1 按照批准的抽样方案,检测人员(按委托检测程序时应实行盲样管理)到检测现场采用批准的抽样方案进行抽样。

5.2.2 当采用简单随机抽样有困难时,可采用分段随机抽样方法进行抽样。

5.2.3 随机抽样可以通过查随机数表、"掷骰子"等方法抽取样本。

5.2.4 样本确定后,应按照标准规定的取样方法取样,填写样品标识签贴在样品上,并进行现场检测并记录。

5.2.5 抽样人员不能少于 2 人,一人取样,一人核对,并对样品的代表性负责。

5.3 抽样的记录

5.3.1 由抽样人员填写抽样单。其记录内容应包含样品名称、样品编号、取样日期、取样数量、取样地点或部位及位置分布简图、取样人、校对人等。

5.3.2 抽样人应对样品在运输途中的防护负责、保护样品的完整性。样品送达后取样人应连同抽样单移交给样品管理员,样品管理员核对无误后即按规定办理手续。详见《样品的流转和处置管理程序》。

6　相关文件

《样品的流转和处置管理程序》

7　相关记录

抽样单

抽样单

单位名称：

受检单位情况	受检单位名称		通信地址	
	法定代表人（负责人）		电话	
	联系人		邮政编码	
抽样样品信息	样品名称		批号（制作日期）	
	规格型号		执行标准	
	商标		数量	包装方式	
样品资料	抽样依据		样品等级	
	抽样方法		样品数量	
	样品描述			
封样资料	包装方式		封条数量	
	封条部位		封条编号	
	抽样负责人（签名）： （抽样单位章） 年 月 日		被抽样单位陪同人（签名）： （被抽样单位章） 年 月 日	
备注：				

注：本抽样单一式三联，一联交下达任务单位，二联交被抽样单位，三联交回本公司。

技术规范、标准资料管理程序

1 目的

技术标准是实验室开展检测工作的依据，为保证所用技术标准的现行有效，确保检测数据的准确性，充分发挥标准、规范在检测工作中的作用，必须对质量检测室内技术标准、规范及资料加强管理。

2 范围

适用于质量检测室检测现行有效的标准、规范及技术资料的管理。

3 职责

3.1 技术组负责技术标准及技术规范、标准及适用资料的购买、收集、管理、保存。

3.2 标准、规范及适用资料使用人员要配合技术组的现行有效标准、规范及适用资料管理。

4 程序

4.1 技术组应及时购买和收集检测工作所需的最新标准及有关资料，以确保标准资料供应渠道畅通。

4.2 各室组应协助技术组收集最新标准并提供相关信息。

4.3 技术标准及技术规范、标准及适用资料由技术组统一购买。检测组需要购买技术标准时，应向技术组提出申请，技术组负责编制购买计划，报最高管理者批准后，由技术组负责购买。检测室因工作急需，需要自选采购，应预先报最高管理者同意后方可购买。

4.4 技术标准、规范及适用资料的日常管理。

4.4.1 技术组资料管理员对购买的技术标准、规范及适用资料应建立总目录，统一存放在技术资料室。

4.4.2 技术标准、规范及适用资料应加盖受控章，以便统一管理。

4.4.3 资料管理员应及时剔除作废标准，作废标准应加盖"作废"章。标准汇编中如有作废标准，应在该项标准首页及目录中加注"作废"字样，并填写作废标准登记表。作废标准不得外借。

4.4.4 检测室及检测现场不得有过期作废标准，资料管理员应注意技术标准的修改及修订情况。应将修改单张贴在标准适当部位或通知检测室以旧换新，并登记。检测人员也应密切配合管理人员共同做好标准更新工作。

4.5 技术标准技术规范、标准的借阅。

4.5.1 技术标准原则上只供内部人员借阅。外单位查阅或复印需经技术组负责人批准。

4.5.2 检测用标准由检测人员在技术组借阅,并办理借阅手续,短期使用的资料借阅期限宜为 15 日。

4.5.3 技术技术规范、标准的借阅应办理相应的借阅手续,借阅期限一般为 20 日,超过 20 日需重新办理借阅手续。借阅者应爱护借用的技术标准及技术规范、标准资料,如有损坏和丢失,要按原价的 5 倍赔偿。

4.5.4 职工调离本质量检测室(包括离休、退休)须还清所借技术规范、标准。

4.5.5 技术资料室内严禁吸烟、应保持安静,搞好卫生,做好防火、防潮、防虫、防鼠工作,确保技术标准和技术规范、标准资料的完好。

4.5.6 与技术标准和技术规范、标准资料有关的资料由综合办公室统一保存。

5 相关记录

5.1 技术标准和规范归档登记表

5.2 作废标准登记表

技术标准和规范归档登记表

编号	标准代号	标准名称	册数	单价	备注

作废标准登记表

编号	标准名称	标准代号	作废日期	记录人

结果报告管理程序

1 目的

保证检测报告的完整性、准确性并能真实地反映检测结果的全部信息，降低客户使用报告的风险。

2 范围

检测报告的编号、格式和信息要求，检测报告的编制、审核和批准，对报告内容的意见和解释，分包检测的表述，报告发送和报告的修改/补充。

3 职责

3.1 检测员

按照检测数据提供检测结果，与原始记录一起作为制作检测报告的依据。

3.2 编制人员

依据检测结果制作检测报告。

3.3 校核人员

校核检测报告的数据。

3.4 授权签字人

批准检测报告。

3.5 资料管理员

归档保存检测报告和原始记录。

3.6 技术负责人

应维护本程序的有效性。

4 程序

4.1 检测报告编制要求

4.1.1 按规则制定检测报告的编号。

4.1.2 检测报告应准确、清晰、明确和客观地报告每一项或每一系列的检测结果，并符合检测方法中规定的要求。检测报告的标准格式应由检测室负责人根据承检产品/项目标准的要求设计，其内容应包括以下部分，并尽量减少产生误解或误用的可能性。

（1）检测报告的标题。

（2）检测机构的名称与地址，进行检测的地址（如果与检测机构的地址不同）。

（3）检测报告的唯一编号标识和每页数及总页数，以确保可以识别该页是否属于检测报告的一部分，以及表明检测报告结束的清晰标识。

（4）客户的名称和地址。

（5）所用方法的标识。

（6）检测物品的描述、状态和明确的标识。

（7）对结果的有效性和应用至关重要的检测物品的接收日期和进行检测的日期。
（8）如与结果的有效性和应用相关时，实验室所用的取样计划和程序的说明。
（9）检测的结果，适当时带有测量单位。
（10）检测报告批准人的姓名、职务、签字或等同的标识。
（11）相关之处，结果仅与被检物品有关的声明。
（12）当有分包项时，应清晰地标明分包方出具的数据。

4.1.3 当需要对检测结果做出解释时，检测报告中还应包括下列内容：
（1）对检测方法的偏离、增添或删节，以及特殊检测条件的信息，如环境条件。
（2）符合或不符合要求、规范的声明。
（3）适用时，评定测量不确定度的声明。当不确定度与检测结果的有效性或应用有关、客户提出要求或当测量不确定度影响到对规范限度的符合性时，检测报告中还需要包括有关不确定度的信息。
（4）适用且需要时，提出意见和解释。
（5）特定方法、客户和客户群体要求的附加信息。

4.1.4 当需对检测结果做出解释时，对含取样结果在内的检测报告，除了4.1.2条和4.1.3条所列的要求之外，还应包括下列内容：
（1）取样日期。
（2）抽取的物质、材料或产品的清晰标识。
（3）取样的地点，包括任何简图、草图或照片。
（4）所用取样计划和程序的说明。
（5）取样过程中可能影响检测结果解释的环境条件的详细信息。
（6）与取样方法或程序有关的标准或规范，以及对这些规范的偏离、增添或删节。

4.1.5 超出认可能力的检测数据应当加以显著的标识，防止客户误解并给使用带来风险。

4.1.6 意见和解释：当报告包含意见解释时，则应把意见和解释的依据制作成文件。意见和解释应在报告中被清晰地标注。

4.1.7 设计后的检测报告格式应由技术负责人审批使用。

4.2 检测报告编制

4.2.1 检测员签字并校核无误的检测原始记录送至报告编制人并由其按照承检样品/项目的标准格式打印检测报告。

4.2.2 当客户有要求时，报告格式应满足客户的要求。

4.3 检测报告的审批

4.3.1 打印后的检测报告（数量根据委托要求和实验室留存需要确定）同检测原始记录一起，由审核人员审核签字。

4.3.2 经审核无误的检测报告同原始记录转至授权签字人批准签发。

4.3.3 签发后的检测报告的各页应加盖"检测报告骑缝章"，以表示报告各页的相连。留存的报告副本同检测原始记录一并存档保管。经过认可的检测项目，在报告的左上角加盖实验室认可的标志章。经过认证的检测项目，在报告的左上角加盖实验室认证的标志章。

4.4 对检测结果的说明

当需要对检测结果进行解释时，报告中应该包括下列内容：

4.4.1 对检测方法的偏离、增减或删节，以及特定的检测条件，如环境温度、湿度等。

4.4.2 对是否符合要求规范的声明。

4.4.3 当客户有要求或者不确定度与检测结果应用有关时，应给出不确定度的信息。

4.4.4 必要时，给出意见和解释。

4.4.5 特定的检测方法或客户所要求的附加信息。

4.5 对可疑结果的处理

4.5.1 当报告校核和审批过程中怀疑、发现或报告发出后，得知有关于报告数据有误的信息后，有关人员应立即向技术负责人汇报。技术负责人应立即组织有关人员对报告中的可疑数据或遗漏部分进行核查。

4.5.2 通过核查确认已发报告的数据和结论有问题时，技术负责人应立即组织起草一份书面文件通知客户，要求检测报告持有人暂停使用。

4.5.3 检测室负责人应提出修改或补充检测报告的处理意见。如需补充检测，由检测室负责人组织实施，由原检测员出具补充检测原始记录并起草一份"检测报告的修改/补充通知书"。该通知书由检测室负责人签字后转至技术主管审核。经核对无误后转至授权签发人批准并发送到所有原检测报告的持有人。

4.5.4 实验室留存的"检测报告的修改/补充通知书"由资料管理员同原检测报告一并存档保管。

4.6 检测报告的结论

检测报告的结论应该清晰明确，不能使用可能、或者、大概等含混不清的词语，并应说明下此结论所依据的标准或规范。可以包括下列依据：

4.6.1 检测结果符合（或不符合）要求的意见。

4.6.2 是否按委托合同要求完成全部检测项目等合同履行的情况。

4.6.3 如何使用检测结论的建议。

4.6.4 改进的建议。

4.7 对已发检测报告的更正/增补

4.7.1 在内部核查中对已发报告的数据和结论产生怀疑或发现问题时，技术负责人应立即起草一份书面文件通过委托人通知所有检测报告的持有人，要求检测报告持有人暂停使用编号为×××的检测报告，申明待查实报告的数据和结论再以书面文件告之。

4.7.2 通知发出的同时，检测部应认真组织实施检测数据的核查，并根据与委托人签订的检测执行标准核查检测项目。

4.7.3 检测部应在核查结束时起草一份核查报告，指出存在的问题，提出修改或补充检测报告的处理意见。

4.7.4 如果需要补充检测，则检测部应提出补充检测的可行方案报技术负责人审批。

4.7.5 批准后的补充检测方案,由检测部组织实施并出具补充检测原始记录。

4.7.6 检测部根据补充检测原始记录和核查结果,按照本程序 4.7.12 条的要求起草一份"检测报告的更正/增补文件"。

4.7.7 检测部起草的"检测报告的更正/增补文件"应由技术负责人签字后转至综合办校核。

4.7.8 技术负责人应对"检测报告的更正/增补文件"的修改或补充内容,以及发生检测问题的追溯情况进行分析审核,经审核无误后转至授权签字人批准签发。

4.7.9 经授权签发人签发后的"检测报告的更正/增补文件"由综合办公室盖章待发。

4.7.10 若"检测报告的更正/增补文件"中涉及检测数据和结论,则对"检测报告的更正/增补文件"的盖章应执行本程序 4.3.3 条的规定。

4.7.11 "检测报告的更正/增补文件"的发放应执行本程序 4.9 节的规定。"检测报告的更正/增补文件"应发送到所有原检测报告的持有人。

4.7.12 对已发检测报告的更正/增补文件应包含以下内容:

(1) 更正/增补文件的标题,如检测报告的更正/增补通知书;

(2) 检验检测机构的名称;

(3) 检测修改报告/补充文件的唯一编号标识和每页及总页数的标识;

(4) 委托方的名称;

(5) 检测样品(对象)的名称和特征;

(6) 检测日期;

(7) 检测执行标准或方法;

(8) 原报告的编号;

(9) 原报告的修改之处;

(10) 修改前和修改后的对照;

(11) 更改原因的说明;

(12) 关于本"检测报告的更正/增补文件"的使用和发放范围的申明;

(13) 更正/增补文件的编制人、审核人和批准人的签字;

(14) 更正/增补文件的签发日期。

4.8 检测报告的归档

4.8.1 留存的检测报告副本应连同委托检测协议(检测任务指令)、原始记录以及分包检测等有关的文件一并归档保存,保存期不少于 6 年。

4.8.2 机构留存的"检测报告的更正/增补文件"应与原检测报告一并存档保管。

4.8.3 档案的管理应执行《档案管理程序》。

4.9 检测报告的发送

4.9.1 业务组应将检测报告用挂号信函寄出。

4.9.2 当客户提出保密要求时,应通过机要部门进行交换,或通过邮局按照保密挂号邮寄。

4.9.3 如客户提出通过传真或电子邮件发送报告,经办人应详细询问查实收件人姓名、电话、传真号码(电子信箱),并认真仔细地核对委托检测合同中的记录内容。

4.9.4 发送报告的经办人应如实填写发送报告的有关信息。

4.10 发送检测报告的保密要求

4.10.1 实验室的任何人员未经批准,不准发布、公布、评价或向无关人员透露检测数据和结果。

4.10.2 除非客户要求,检测室禁止使用图文传真和电子网络发布、传送检测报告。

4.10.3 通过委托代理人领取检测报告时,应凭有效的委托检测合同文本,并签字领取。

4.10.4 发送检测报告的保密要求应同时遵守《保护客户机密及所有权程序》。

5 相关文件

5.1 《保护客户机密及所有权程序》

5.2 《记录管理控制程序》

检测质量事故处理程序

1 目的

及时、规范处理对检测结果有影响的各类事故，使事故损失减小到最低限度，确保检测工作的正常进行，并通过总结教训、采取纠正措施达到预防类似事故的再次发生。

2 范围

适用于在检测工作中可能出现的偶发事故、设备事故、重大事故的报告、分析及处理工作。

3 职责

3.1 发生事故的当事人应在采取防止事故进一步扩大的应急措施的同时，保护事故现场并及时上报。

3.2 业务室会同检测组组长，负责进行事故调查，调查情况及时向质量负责人汇报。

3.3 质量负责人负责各种质量事故处理结果的收集整理工作及分析重大质量事故原因并编写调查报告。

3.4 技术负责人处理较大质量事故及审核重大质量事故调查报告，并将有关人员伤亡事故报最高管理者。

3.5 最高管理者负责处理人员伤亡事故。

4 工作流程

4.1 质量事故

质量事故主要是指：

4.1.1 委托单、原始数据、检测报告技术资料丢失、泄密，并造成严重后果；

4.1.2 在尚未获得试验结果之前，因保管不善或其他原因造成样品受到非检测破坏、编号搞错、变质、丢失；

4.1.3 违反操作规程、规章制度，不按例外情况处理规定执行，偏离质量体系文件，情节严重，造成严重后果；

4.1.4 由于人员、设备、检验条件不符合检测要求或检测方法错误、数据错误、计算方法错误等造成检测结论错误；

4.1.5 检测设备由于人为原因（维护、保养不当，使用时违反操作规程）造成损坏或技术性能下降；

4.1.6 由于突发事件或人力不可抗拒的因素造成检测工作的中断或检测结果的错误；

4.1.7 发生失盗、失火或人身伤亡事故。

4.2 检测质量事故分类

检测质量事故根据直接经济损失的大小及对检测工作中断的时间的长短分为一般检测质量事故、较大检测质量事故和重大检测质量事故。

4.2.1 一般检测质量事故

直接经济损失在 1000 元以内或中断检测工作时间在 2 小时以内。

4.2.2 较大检测质量事故

直接经济损失在 1000 元（含 1000 元）以上、10000 元以内或中断检测工作时间在 1 天以内。

4.2.3 重大检测质量事故

直接经济损失在 10000 元（含 10000 元）以上或中断检测工作时间在 1 天以上或造成人员伤亡。

4.3 检测质量事故报告

4.3.1 质量事故发生后，应保护好现场。当事人应立即采取应急措施，防止事故扩大，同时向部门负责人做出报告并填写检测事故记录表。

4.3.2 质量事故中涉及检测修改的，应根据有关规定程序填写相应记录单。

4.3.3 各部门负责人应根据可预见的事故类型，及时上报。

4.3.4 属重大质量事故的，应由相应部门负责人填写"重大检测质量事故报告"，进行书面报告。

4.4 检测质量事故处理

4.4.1 一般质量事故由当事人立即汇报，部门负责人确认后做出相应的处理。

4.4.2 较大质量事故由部门负责人在半小时内向公司技术负责人汇报，技术负责人确认后做出相应处理。

4.4.3 有关人员伤亡的重大事故由技术负责人马上向最高管理者汇报，最高管理者听取汇报后授权技术负责人对事故进行调查，在调查报告完成后 3 日内，召集领导层对事故做出处理并通报处理结果。

4.4.4 检测过程中因停水、停电造成检测中断的，应在恢复后进行。如中断造成检测结果受到影响，应重新进行检测。

4.4.5 检测过程中因设备原因中断检测，应在设备修复正常后继续检测（有备用仪器设备的可使用备用件）。

4.4.6 质量负责人收集整理各种质量事故处理结果，并按《档案管理程序》，交综合办公室归档。

5 相关文件

《档案管理程序》

6 相关记录

6.1 检测事故处理报告
6.2 检测事故记录表

检测事故处理报告

检测单位名称：　　　　　　　　　　　　　　　　　　报告编号：

事故类型		责任人	
事故原因及分析			
处理结果			
质量负责人意见	签名：　　年 月 日		
技术负责人意见	签名：　　年 月 日		
实验室主任意见	签名：　　年 月 日		
备注			

检测事故记录表

检测单位名称： 记录编号：

事故类型		时间		记录人	
事故的全过程记录					
事故经过						
事故原因						
事故后果						
事故影响						
直接或间接责任人						

风险评估和控制程序

1 目的
能够在检测工作中持续进行风险识别、风险评估和实施必要的控制措施。

2 范围
适用于检测工作中所涉及的风险评估和风险控制领域。

3 职责
3.1 各岗位人员负责识别在检测工作中可能存在的各类风险以及风险预防和控制措施的实施。
3.2 检测室负责人负责组织识别出风险的分析。
3.3 质量负责人负责风险的评估和采取何种预防和控制措施。
3.4 最高管理者负责批准风险预防和控制的措施。
3.5 各部门负责人负责风险的监控和预防控制措施的跟踪验证。

4 程序
4.1 风险的识别
4.1.1 在整个检测过程中可能存在的风险：
（1）检测前
1）合同评审的风险，例如：检测方法不适用于检测样品。
2）样品风险，例如：检测样品信息与检测委托单不符的风险。
3）信息保密风险，例如：在与客户沟通时泄露其他客户检测过程中提供的样品、文件及传递过程中的信息。
4）沟通风险，例如：未能将客户的检测需求有效地传递给相关人员风险。
（2）检测中
1）人员风险，例如：检测人员资质不足。
2）仪器设备风险，例如：仪器设备未定期校准或核查。
3）试剂耗材风险，例如：使用无证标准物质。
4）检测方法风险，例如：未识别样品基质对检测方法带来的干扰。
5）安全风险，例如：生物安全、化学安全、辐射安全等方面的风险。
（3）检测后
1）样品存储和处理的风险，例如：样品丢失。
2）数据结果风险，例如：人为更改或伪造检测结果。
3）报告风险，例如：检测报告未审核签字。
4）信息安全和保密风险，例如：客户信息、报告和数据信息泄露。
4.1.2 各岗位人员都有责任和义务发现和识别整个体系运行过程中可能存在的风

险,并告知检测室负责人。

4.2 风险的分析

4.2.1 检测室负责人在接到可能存在的风险情况后,立刻会同相关部门和人员对识别出来的风险进行分析。

4.2.2 分析如果风险发生,可能造成的影响情况:

(1) 检测数据错误;

(2) 检测报告不准确、不规范;

(3) 危害到检测人员的身心健康;

(4) 影响环境等。

4.2.3 分析风险可能发生的频次。

4.3 风险评估

4.3.1 质量主管根据风险分析的情况组织相关人员进行风险评估。

4.3.2 风险评估报告包括以下内容:

(1) 确定风险评估小组成员;

(2) 本次风险评估的目的;

(3) 本次风险评估的范围;

(4) 评估原则;

(5) 风险评估的识别和分析过程;

(6) 具体分析风险发生结果的严重性;

(7) 根据风险发生后果的可能性采取的预防措施;

(8) 如发生不可控的情况所采取的补救和控制措施。

4.4 风险防范措施的批准和实施

4.4.1 最高管理者批准风险评估报告,并由档案管理员进行编号后受控发放给相关人员。

4.4.2 风险评估报告中涉及的相关人员实施预防措施以防止风险的产生。

4.4.3 检测室负责人负责组织对风险产生后补救和控制措施进行演练。

4.5 风险控制的验证

各部门负责人对预防措施、补救措施和控制措施执行情况实施监控和验证。

5 相关记录(无)

档案管理程序

1 目的

为提高检测室档案管理的水平，促进规范化、制度化管理，特制定本制度。

2 范围

适用于检测室档案的管理工作。

3 职责

3.1 技术组负责档案室的全面管理，并设专人负责档案的催缴、登记、编号、保存、整理、借阅管理、销毁等工作。

3.2 有关人员应及时将相关文件、资料交档案室。

4 档案分类和立档内容

4.1 行政文书档案

4.1.1 检测室签发的有关文件，负责人任职、机构设置及负责人任命、公正性声明、请示、报告以及计划、总结、会议纪要、上级下发的文件及各部门的来文、来函等。

4.1.2 通过计量认证/审查认可（验收）评审的文件及资料。

4.1.3 档案工作的记录、表格。

4.2 人员档案

4.2.1 人员学历、职称、职务证明、上岗考核资料及批准文件。

4.2.2 人员培训的有关资料。

4.3 仪器设备、试剂、外部支持服务与供应档案

4.3.1 仪器设备档案

（1）大型仪器设备档案，包括名称、生产厂商、序号、接收日期、启用日期、放置地点、管理人、使用人、验收记录、使用说明书（进口仪器应有汉语的使用操作书）、校准或检定记录（如果需要）、使用与维护、运行间检查及维修记录、故障与改装记录等。

（2）一般仪器设备档案，包括名称、生产厂商、型号、验收记录、放置地点、管理人、使用说明书、维修（维护故障）记录。

（3）计量器具检定记录。

4.3.2 试剂采购、入库及领用记录。

4.3.3 外部支持服务与供应档案，包括试验用供应方、大型仪器设备的制造厂商、试剂供应商等的资信证明及考察情况。

4.4 检测技术档案

4.4.1 产品标准、检测方法标准、规程、规范、细则及其复印件和批准使用的

文件。

4.4.2 检测报告、检测原始记录。

4.4.3 收样、取样记录、检测委托书、产品标签、标识及其他样品有关资料、任务通知单样品处理记录、领还样品记录等。

4.4.4 用户申诉和投诉的处理记录，用户意见记录，事故及处理记录，分包的资料（含分包方的考察情况）。

4.4.5 技术规范、标准档案

4.5 检测类的技术规范、标准、文献。

检测和与检测相关的期刊。

4.6 质量体系档案

4.6.1 检测室质量体系文件及其修改、发放、收回等记录。

4.6.2 检测室质量审核、管理评审、监督评审等文件和记录。

4.7 光盘、软盘、仪器设备、计算机、打印机、网卡、声卡等的驱动程序、操作系统、应用程序、检测数据、文档等的光盘、软盘等。

5 归档办法

（1）技术组应将档案建立、积累、整理和归档列入管理计划之中，各室组负责将应归档资料按要求初步分类整理，上交档案室。

（2）技术组检查、督促、指导档案整理、归档工作对不合格的档案有权要求主办人员重新整理对拖延归档、丢失、损坏档案资料等不负责任的行为和人员有权提出批评。

6 档案管理

6.1 技术组对收到的档案材料应及时进行检查登记、分类编目和必要的加工整理，划分密级、普通分类存放，确定保管期（永久、长期、定期）并编制检索卡。

6.1.1 将人员技术、仪器设备、检测资料、质量体系等档案列为秘密级档案，将其余列为普通档案。

6.1.2 质量检测室领导认为有必要时，可将某一普通档案定为秘密级档案。

6.1.3 检测资料档案保管期限，检测机构自身的资料保管期限应分为 5 年和 20 年两种。涉及结构安全的试块、试件及结构建筑材料的检测资料汇总表和有关主体结构的检测档案等宜为 20 年；其他检测资料档案保管期限宜不少于 6 年。仪器设备档案保存至仪器报废。

6.2 档案室要保持整齐清洁，档案应排列有序，禁止存放易燃、易爆和腐蚀性物品。应建有安全防火、防潮、防尘、防虫害、防阳光直射的设施。工作人员定期进行档案管理检查，发现问题，及时解决。

6.3 借阅档案应履行手续，用后归还。需长期查阅（一个月以上）者，可复印档案（按密级报批），亦可报经检测室领导同意办理有关手续。

6.4 对借阅的档案资料不得涂改、拆卸、圈画、污染、丢失或转借质量检测室以外人员。注意不要让无关人员查看借出的档案资料。

6.5 行政档案，秘密级以上的档案只可在档案室查阅，本质量检测室人员借阅须经公司经理批准。

6.6 复印档案资料须经质量负责人同意。复印秘密级以上的档案资料须经最高管理者批准并记录。查阅与己无关的检测报告、原始记录应经最高管理者同意。送样单位需查阅、抄录自己样品的原始记录时，应经最高管理者同意。

6.7 保管期限到期的检测资料档案销毁应进行登记、造册后经技术负责人批准。销毁登记册保管期限不应少于 6 年。

6.8 未经档案管理人员同意，其他人员不得进入档案室。

6.9 档案管理人员离开档案室应随时锁柜、锁门。

7 相关文件

7.1 《测量设备及设施管理程序》

7.2 《数据保护和计算机使用管理程序》

允许方法偏离控制程序

1 目的

当检测方法出现偏离时,能够得到及时有效的控制,保证其检测结果的有效性。

2 范围

本程序适用于实验室检测工作范围内出现的方法允许偏离的控制过程。

3 职责

3.1 技术负责人负责组织允许偏离评审的工作以及对允许偏离申请的批准。

3.2 检测功能室负责人负责允许偏离申请的审核。

3.3 检测人员负责提出允许偏离的申请。

4 程序

4.1 允许偏离的条件

当出现以下几种情况时,可提出允许偏离的申请。

(1) 对检测方法的偏离在被文件规定、经评审、技术负责人批准、客户同意的情况下。

(2) 当客户提出偏离要求时。

4.2 允许偏离方法程序的申请和审批

4.2.1 当出现上述 4.1 条规定的情况时,从事相关项目的检测人员,应填写例外允许偏离申请表,并同时提供必要的资料,交科室负责人审核。

4.2.2 当客户对标准、规范规定的检测方法程序提出偏离要求时,收样人员负责详细记录客户的偏离要求,检测人员填写例外允许偏离申请表,交技术负责人审核。

4.2.3 技术负责人根据申报的内容和相关资料,组织评审并对其审核,确认需要实施本程序时,上报实验室主任批准(必要时,附处理措施建议)。

4.2.4 技术负责人组织评审,最高管理者批准后,质量监督员根据以下原则实施监督管理:

(1) 不得违反有关法律法规;

(2) 不能违背本中心的质量方针;

(3) 不能损害委托方或甲方的利益;

(4) 不能影响本中心的公正性和检测数据的准确性;

(5) 允许偏离后的检测工作应是可纠正的,可追溯的。

4.2.5 最高管理者负责对允许偏离进行批准,由检测室执行。

4.2.6 通过审批的允许偏离申请,由业务委托室和客户协商一致后注明在相应委托合同上,由客户签字确认。

4.2.7 当根据审批的允许偏离申请的内容,需进一步制定检测方案时,则允许偏离应在方案中注明并告知客户。

4.3 允许偏离方法程序的实施

4.3.1 检测人员依据审批后的允许偏离方法程序开展检测工作时，应详细记录相关数据、信息，检测室负责人负责其过程的控制。出具的检测报告应对允许偏离注以说明。

4.3.2 质量监督员应对允许偏离方法程序的实施情况给予必要的监督，并做相应的记录及收集有关偏离后的影响数据。具体执行《质量监督与监督控制程序》。

4.3.3 技术负责人负责对允许偏离方法程序实施后的结果做出是否满足预期效果的结论，填入例外允许偏离申请表中。

4.3.4 当发现允许偏离方法程序实施失控或存在缺陷时，最高管理者则执行《纠正措施控制程序》，制定相应的纠正措施，对相应文件做出修订、调整或补充。

4.4 当检测条件恢复正常或客户要求停止偏离时，原有的正在使用的允许偏离措施自动停止使用。

4.5 所有与允许偏离有关的资料由检测室收集整理后交档案管理员存档。

5 相关文件

5.1 《纠正措施控制程序》

5.2 《质量监督与监督控制程序》

6 相关记录

例外允许偏离申请表

例外允许偏离申请表

单位名称：

申请人			申请时间		
例外允许偏离请求事由	偏离内容				
	偏离理由	1	_____中没有规定□ 规定不明确□ 规定不合理□		
		2	时间紧迫，无法履行正常程序□		
		3	_____的服务或供应无法履约		
		4	_____等客观原因无法克服		
		5	_____		
例外允许偏离后果分析	有法律要求			影响完成委托单（合同）质量	
	涉及质量方针			影响实验室公正性	
	有严重的社会影响			对仪器或样品构成影响	
	对人身和财产构成危害			其他不良的连带影响	
	追溯结果				
	检测部负责人			日期	
实施跟踪和善后补救措施的建议	检测部负责人			日期	
核查意见	技术负责人			最高管理者	
	日期			日期	

参考文献

［1］ 中华人民共和国交通运输部．公路水运工程试验检测等级管理要求：JT/T 1181—2018［S］．北京：人民交通出版社，2018．

［2］ 中国国家认证认可监督管理委员会．检验检测机构资质认定能力评价 检验检测机构通用要求：RB/T 214—2017［S］．北京：中国标准出版社，2017．

［3］ 中国国家认证认可监督管理委员会．检验检测机构资质认定评审准则及释义［Z］．

［4］ 中国标准化委员会．质量管理体系要求：GB/T 19001—2016/ISO9001：2015［S］．北京：中国质检出版社，2017．

［5］ 中华人民共和国国家质量监督检验检疫总局，中国国家标准化管理委员会．检验检测机构诚信基本要求：GB/T 31880—2015［S］．北京：中国标准出版社，2015．

［6］ 国家认证认可监督管理委员会．检验检测机构管理和技术能力评价授权签字人要求：RB/T 046—2020［S］．北京：中国标准出版社，2020．

［7］ 国家市场监督管理总局，国家标准化管理委员会．利用实验室间比对进行能力验证的统计方法：GB/T 28043—2019/ISO13528：2015［S］．北京：中国质检出版社，2019．